Gaël Chatelain-Berry
Conférencier, spécialiste de l'optimisme

Cultiver l'optimisme en famille

MODE D'EMPLOI POUR LE RENFORCER AU QUOTIDIEN

Hatier

L'AUTEUR

Après plus de 20 années passées en entreprise en tant que manager d'équipes, **Gaël Chatelain-Berry** conseille depuis maintenant plus de 5 ans les entreprises pour faire évoluer leur management en intégrant la notion de bienveillance et d'optimisme. Conférencier, membre de la ligue des optimistes, il intervient régulièrement en entreprise. Chroniqueur pour des magazines et chaînes d'information, il est également auteur de plusieurs ouvrages sur le management, la bienveillance et l'optimisme.

Il propose des conférences et des ateliers à travers son blog https://www.gchatelain.com/

DÉDICACE

– À mes parents sans qui ce livre n'existerait pas.

– À la mère de mes enfants... parce que l'optimisme donné à ses enfants, c'est aussi un travail d'équipe ! Merci Sylvie.

SOMMAIRE

INTRODUCTION ... 4

PARTIE I **Les enjeux de l'optimisme** ... 10

PARTIE II **Les 10 clés** ... 18

CLÉ N° **1** : APPRENEZ À ÊTRE OPTIMISTE ... 20

CLÉ N° **2** : NE TRANSMETTEZ PAS VOS PROPRES ANGOISSES ... 25

CLÉ N° **3** : ENTRAÎNEZ-VOUS À VOIR LE VERRE À MOITIÉ PLEIN ... 31

CLÉ N° **4** : VALORISEZ LES ÉCHECS DE VOTRE ENFANT ... 36

CLÉ N° **5** : PARLEZ DES PEURS DE VOTRE ENFANT AVEC LUI ... 41

CLÉ N° **6** : CÉLÉBREZ LES SUCCÈS ... 47

CLÉ N° **7** : TROUVEZ-LUI DES MODÈLES ... 53

CLÉ N° **8** : CRÉEZ LE « RENDEZ-VOUS » DES BONNES NOUVELLES ... 59

CLÉ N° **9** : AIDEZ-LE À REGARDER SON FUTUR AVEC SÉRÉNITÉ ... 64

CLÉ N° **10** : APPRENEZ-LUI À AGIR ... 71

CONCLUSION ... 76

RESSOURCES UTILES ... 77

INTRODUCTION

Selon le dictionnaire Larousse, l'optimisme est une doctrine philosophique selon laquelle le monde est bon et le bien y tient plus de place que le mal. Une définition résolument manichéenne d'autant que le bien et le mal sont des concepts subjectifs dans l'absolu, si l'on se place d'un point de vue purement culturel : ce qui est bien pour un Occidental ne le sera pas forcément pour un Chinois, par exemple, et inversement.

En revanche, si ce manichéisme de base est mis de côté pour se focaliser sur autre chose qu'un jugement moral ou éthique, la notion d'optimisme prend une tout autre dimension, plus concrète et palpable : **le verre est-il à moitié vide ou à moitié plein ?** Au lieu de se positionner d'un point de vue moral, il s'agit bien de challenger notre propre subjectivité. Et de fait, ce même verre, certains le verront à moitié vide et d'autres à moitié plein. Le plus terrible est que personne n'a tort, alors même que les deux points de vue s'opposent totalement. La problématique est qu'il n'existe pas de vérité en matière d'optimisme.

Ce qui est certain, c'est que de ce point de vue vont dépendre notre bien-être et notre vision du monde. En effet, il semble évident que je me sentirai potentiellement mieux en considérant que ce verre est à moitié plein, me laissant une forme d'espoir en cas de soif, plutôt que la vacuité prochaine qui ne peut que m'angoisser à l'idée de me retrouver démuni en cas de soif intense.

LE SAVIEZ-VOUS ?

✓ Selon l'étude mensuelle de l'institut de sondage français IPSOS *What worries the World*, parue en septembre 2017, le taux d'optimisme des Français est de 29 %, pour une moyenne nationale habituellement située entre 10 % et 20 %. Cela semble en progression, même si l'optimisme mondial se situe, lui, à 41 %. Les Français auraient-ils tendance à être plus pessimistes que le reste du monde ?

Tout n'est qu'une simple question de point de vue

C'est comme cet exercice que vous pouvez faire chez vous, avec vos enfants. Imprimez un « 6 » sur une feuille ; posez cette feuille par terre. Demandez à deux personnes de se positionner à chaque extrémité de la feuille et demandez-leur ce qu'elles voient. L'une dira « 6 » et l'autre dira « 9 ». Qui a raison ? Les deux me direz-vous. Vous avez raison et pourtant, notre société n'aime pas le compromis. Il faut souvent que tout soit bon ou mal, noir ou blanc, chaud ou froid, 6 ou 9.

L'optimisme fonctionne de la même manière. Vous rappelez-vous des réactions en France lorsque le toit de Notre-Dame a brûlé ? Fallait-il y voir un désastre national ou bien une formidable opportunité de redonner une modernité unique à ce bâtiment historique qui avait déjà connu un grand nombre de mutations dans son histoire ?

L'optimiste ne met pas des lunettes roses pour se mentir à lui-même, **il essaye simplement de tirer le meilleur de toute situation**. Dans l'exemple de Notre-Dame, le pessimiste va pleurer ce que Notre-Dame ne pourra plus jamais être, sans pour autant pouvoir guérir sa peine car, de fait, Notre-Dame ne sera plus jamais comme avant ; l'optimiste, lui, va prendre acte du désastre et voir ce qu'il y a de positif dans celui-ci. Quoi de positif, me direz-vous, dans le fait que le toit de la cathédrale a brûlé ? Tout d'abord, personne n'a été tué et par ailleurs, qui peut m'affirmer de façon absolument certaine que Notre-Dame ne sera pas encore plus belle et plus grande qu'avant ? Qui peut m'affirmer avec certitude que cet incendie n'a pas permis au monde entier de prendre conscience de l'importance de prendre soin de notre patrimoine et du fait que l'attachement que nous avons envers celui-ci est beaucoup plus fort que ce que nous aurions pu imaginer ne serait-ce que vingt-quatre heures plus tôt ? « Ce qui est fait est fait » dit le proverbe, rien ne sert de se lamenter à ce sujet. En revanche, tirer des leçons du passé est essentiel.

Nous, les Français, avons tendance à dire « c'est pas mauvais » plutôt que « c'est bon », « c'est pas mal » au lieu de « c'est bien » et « c'est pas moche » plutôt que « c'est beau ». La culture anglo-saxonne est exactement inverse. Les Twin Towers, le plus important traumatisme que New

York ait connu, n'ont pas été reconstruites à l'identique, car dans la culture anglo-saxonne, il faut aller de l'avant, être résilient en toutes circonstances. Et pourtant, au-delà de la destruction du bâtiment, 2 977 personnes ont trouvé la mort dans cet attentat.

Et si l'optimisme, ou son absence, était tout simplement lié à **la notion de résilience ?**

Et si dans notre culture nationale, la part du passé – et la nostalgie liée à celui-ci – nous empêchait d'être optimistes quant à l'avenir ? Je suis de la génération qui, pour la première fois depuis des siècles, n'a pas connu de guerre sur son territoire, cas unique au monde ! Le français aurait-il fini par avoir dans ses gènes une forme d'angoisse quant à l'avenir ?

Le sujet de ce livre est fondamental, car s'il existe un lien indéfectible avec l'avenir, c'est bien celui de nos enfants. Étant moi-même parent, et ayant la joie, par le biais du jeu des familles recomposées, d'en avoir cinq, je n'ai pas envie de les angoisser sur un avenir que je ne connais pas mais surtout dont ils seront, eux, les acteurs. Commencer sa vie en se disant que quoi que l'on fasse, nous allons dans le mur ne me semble pas recommandable. Ayant été élevé par des parents qui ont connu les 30 glorieuses, mon éducation était, relativement, optimiste. Je dis *relativement* puisque cette génération a été élevée par des parents et grands-parents ayant connu la guerre de 1870, deux guerres mondiales et la crise de 29… de quoi développer une bonne dose de doutes sur le côté rose de l'avenir. La crise est passée par là, fini les 30 glorieuses, mais j'essaye de transmettre à mes enfants la meilleure des armes pour faire face aux accidents de la vie : un optimisme à toute épreuve qui permet de toujours trouver une solution.

➔ Les personnes optimistes génèrent une **énergie positive** qui est **contagieuse**

C'est comme le fait de sourire ; souriez à quelqu'un, il vous sourira. Si nous partons du principe que nous préférons être entourés de personnes positives qui vont nous donner de l'énergie à revendre plutôt que de personnes dépressives et qui se plaignent sans cesse, capables de déprimer une armée de clowns, il va de soi que nous préférerions que nos enfants soient optimistes plutôt que négatifs en toute chose, non ?

L'idée de ce livre est de transmettre une partie de cet état d'esprit positif à nos enfants. Ces derniers sont notre plus bel acte politique car **c'est eux qui construiront le monde de demain**. Si nous ne maîtrisons pas à quoi notre progéniture ressemblera ou quel caractère elle aura, les valeurs que nos enfants porteront sont en grande partie les nôtres. Mais comme nos enfants sont de plus en plus tôt confrontés à un monde hypermédiatisé, il y a compétition. Voulons-nous que nos enfants appréhendent le monde au travers de valeurs acquises en regardant les infos continues à la télévision, ou voulons-nous leur donner une grille de lecture qui leur permettra d'appréhender le monde de façon optimiste ?

RAPPEL

✓ L'objectif n'est pas de tout voir en rose, mais de relativiser. Tout échec, toute contrariété vous fait grandir et vous servira à être plus heureux(se) demain.

La question est donc la suivante : voulons-nous que nos enfants deviennent des acteurs du monde de demain, aussi difficile soit-il, ou souhaitons-nous créer une génération de dépressifs qui ne sauront que se lamenter sur un monde passé, supposé meilleur ?

Bien entendu, la réponse est dans la question. Mais une fois que l'on a dit cela… comment fait-on ?

PARTIE I

Les enjeux de l'optimisme

POURQUOI L'OPTIMISME EST-IL UNE CLÉ DE L'ÉDUCATION ?

LA VIE COMMENCE PAR L'OPTIMISME

UN REGARD SUR LE MONDE TOURNÉ VERS L'ACTION

UNE QUESTION DU BIEN-ÊTRE

RÉPONDRE AUX ATTENTES DES ENFANTS

Quel parent ne souhaiterait pas le meilleur pour ses enfants ? Alors certes, il y a quelques parents excessifs qui font tout pour entraîner leur progéniture, dès le plus jeune âge, à devenir virtuose du violon, star de la chanson ou grand sportif : pour leur propre bonheur, et non forcément celui de leur enfant. Cela fonctionne, de temps en temps, mais, souvent, au moment de l'adolescence, l'enfant prend conscience de ce dont il a vraiment envie, au-delà des désirs de ses parents et **il laisse tomber les ambitions parentales**. Combien avez-vous de connaissances ou d'amis qui ont été au conservatoire pendant toute leur enfance et qui, adultes, ne savent même plus jouer la Lettre à Élise ? Vous, peut-être ?

Il en va (presque) de même pour l'optimisme. L'un de mes enfants, le plus petit, avait une nature très pessimiste. Si nous devions monter sur un bateau, sa première question était de savoir ce que nous devions faire *quand* il coulera. Il ne posait même pas la question du « si », mais bien celle du « quand ». Avouez que cette vision du monde doit être particulièrement épuisante. Mais cette attitude m'a véritablement interpellé. Ce n'était pas mon éducation fondée sur l'optimisme qui avait pu générer cette relation au monde chez mon fils. C'est bien **sa nature**, à lui. C'est grâce à lui que j'ai compris que l'optimisme, au même titre que le violon ou le piano, **cela s'apprenait et cela se travaillait**.

LE SAVIEZ-VOUS ?

✔ Une étude réalisée en 2000 par une équipe de l'université de Columbia, (États-Unis) auprès de trois cent quatre-vingts enfants a montré que les troubles dépressifs chez les enfants et les adolescents étaient plus fréquents lorsque leurs parents étaient eux-mêmes dépressifs. Cette même étude montre que les enfants ayant souffert du pessimisme parental de façon précoce risquent de devenir eux aussi dépressifs à l'âge adulte.

➔ La vie commence **par l'optimisme**

Fondamentalement, si nous faisons des enfants, au-delà de la preuve d'amour que cela peut être, c'est aussi pour **la promesse des adultes qu'ils deviendront**. Faire un enfant est un acte profondément optimiste ; en effet, dès leur naissance, nous les imaginons adultes et angoissons terriblement à l'idée insoutenable de leur mort. Un enfant, c'est une promesse d'avenir, et si nous devions penser aux conséquences potentielles et cumulées du réchauffement climatique, de la pollution, de la crise, de la montée des extrémismes et j'en passe, nous ne ferions pas d'enfants à moins d'être de sacrés sadiques. Si nous ne nous laissons pas impressionner par ces menaces, c'est bien que nous sommes, consciemment ou inconsciemment, convaincus qu'il existe un avenir qui peut être radieux pour nos enfants.

Un regard sur le monde **tourné vers l'action**

Apprendre l'optimisme à nos enfants, ce n'est pas leur faire croire que le Père Noël existe jusqu'à l'âge adulte, c'est leur donner **une vision du monde juste**. Croire que tout est immuable et que notre monde se dirige inéluctablement vers sa destruction est non seulement déprimant, mais faux. L'un des plus grands pessimistes de l'histoire est probablement Thomas Malthus, économiste du XIXe siècle, qui nous expliquait de façon très scientifique que la planète ne pourrait absolument pas nourrir toutes les populations et que, nécessairement, nous nous dirigions vers des famines terribles régulant ainsi la croissance de la population.

Nous étions 737 millions au moment où Malthus théorisait ce qui allait s'appeler le Malthusianisme… nous sommes plus de 7 milliards aujourd'hui. Certes, les richesses sont loin d'être réparties équitablement mais le génie humain a fait que nous nous en sortons nettement mieux que cet économiste le prévoyait. Le pessimiste voit le mur arriver, comme l'optimiste. La différence entre les deux, c'est que le second freine et donne un coup de volant tandis que le premier à plutôt tendance à accélérer afin de trouver son point d'appui plus rapidement. Nous pouvons, nous devons agir, en tant qu'être humain, pour faire en sorte que notre monde soit vivable. Jean Cocteau disait qu'un enfant prodige est un enfant dont les parents ont beaucoup d'imagination. **Nous voulons un monde meilleur ? Faisons en sorte que nos enfants y participent !**

La simple question du bien-être

Il est souvent admis que l'enfance est le moment de l'innocence et de l'insouciance. Mais ce temps devient de plus en plus court, et ce n'est pas qu'une image ! Le Dr François Gouraud, pédiatre et chef de service au CH de Meaux, explique que « l'âge moyen des premières règles était de 15 ans vers 1930. Aujourd'hui, il est de 12 ans et 5 mois chez les jeunes Françaises ; de 8 ans et 5 mois chez les Afro-Américaines aux États-Unis ! » La maturité des nouvelles générations arrive plut tôt que celle des générations précédentes mais finalement, quel que soit le temps que cela prend, nous arrivons toutes et tous au même point : **être indépendant avec toutes les joies, et les angoisses, qui vont avec**. J'entends d'ici certains me dire qu'à trop protéger nos enfants, nous leur mentons et en faisons des personnes inadaptées à la réalité du monde. J'insiste sur ce point, il ne s'agit pas de cacher le monde à nos enfants, mais de leur expliquer que rien n'est inéluctable.

J'habitais à côté du Bataclan au moment des attentats, et le niveau d'angoisse chez mes enfants est monté d'un cran à cette période. Cela a pris du temps car le traumatisme était grand, mais ils ont fini par comprendre que nous n'étions pas entourés de terroristes, que notre société nous protégeait contre ces monstres mais, surtout, que si l'homme est capable du pire comme dans ce cas, il est bien souvent capable du meilleur. Je crois que notre rôle de parent est d'apprendre à nos enfants à regarder le verre à moitié plein sans pour autant nier le fait qu'il est également à moitié vide, si nous ne souhaitons pas créer une génération de dépressifs.

LE SAVIEZ-VOUS ?

✓ En 2012, au plus fort de la crise économique, 78 % des 18-26 ans se disaient confiants dans leur capacité à obtenir ce qu'ils veulent dans la vie. (Enquête *Jeunes et familles : trajectoires de vie, visions d'avenir* - Observatoire décembre 2012)

Répondre à **leurs attentes**

Qui n'aimerait pas croire encore au Père Noël ? L'attitude que nos enfants ont entre 7 et 8 ans quand Noël approche est très intéressante. Ils commencent à savoir que le Père Noël n'existe pas mais un grand nombre d'entre eux, dans le doute, préfèrent pendant un temps ne rien dire aux parents, au cas où cela provoquerait l'inéluctable : ne pas avoir de cadeaux. Les psychologues expliquent très bien que, grâce à ce mensonge, les enfants comprennent que les parents peuvent leur mentir, mais dans le seul objectif de leur faire plaisir.

Depuis sa naissance, la maison d'un enfant est un refuge sûr et apaisant pour lui, ou tout du moins, cela devrait être le cas. Un enfant attend de ses parents qu'ils nourrissent son bien-être depuis sa naissance... pas ses angoisses. Et tout ce que dit, ou fait, un parent est pris pour argent comptant. Mon père, quand j'avais 12 ans, m'a mis au régime arguant que j'étais un peu rond. Ce qui partait d'un bon sentiment de sa part, je n'en ai aucun doute, fait qu'encore aujourd'hui, même si je n'ai, objectivement, aucun problème de poids, j'ai le sentiment d'être obèse. **Un parent est un point de référence absolue**, la normalité pour tout enfant. Plus ce dernier va grandir, plus il va réaliser que son monde fantasmé s'éloigne du monde réel et cela génère, ce qui est normal, des angoisses. Je me souviens de mon premier fils revenant de l'école un soir, il devait avoir un petit peu plus de trois ans. Il me regarde, les yeux mouillés et me demande : « Mais, Papa, il y a des gens méchants dans le monde ? » Un camarade de classe l'avait poussé dans le dos, il était tombé et s'était fait mal. J'aurais pu à cet instant lui dire : « Oui mon fils, il y a des gens méchants et tu n'as pas fini d'en croiser dans ta vie » et changer du tout au tout sa vision du monde. Il m'a semblé plus pertinent de lui expliquer que, oui, il existait des gens méchants mais qu'ils ne gagnent jamais.

L'optimisme est une attitude permanente. Il n'est pas possible d'être optimiste pour tel sujet et pessimiste pour tel autre. Être optimiste, c'est se positionner comme acteur au lieu de subir. Alors oui, être optimiste demande sans aucun doute plus d'énergie que d'être pessimiste mais, au moment de s'endormir, c'est la promesse de faire de beaux rêves plutôt que des cauchemars ; ceci est vrai dès le plus jeune âge.

Les dix clés à venir vont vous permettre à la fois de mieux comprendre les mécanismes de l'optimisme mais, surtout, de pouvoir transmettre à vos enfants cette attitude face à la vie. Ce sont souvent des choses simples et de bon sens que nous avons tendance à négliger ou à oublier en tant qu'adulte. Et vous verrez, au-delà de ce que vous pourrez apporter à vos enfants, l'optimisme est une attitude qui nous apporte à nous, parents, beaucoup de bien-être.

1 APPRENEZ À ÊTRE OPTIMISTE

10 APPRENEZ-LUI À AGIR

PARTIE II

9 AIDEZ-LE À REGARDER SON FUTUR AVEC SÉRÉNITÉ

8 CRÉEZ LE « RENDEZ-VOUS » DES BONNES NOUVELLES

7 TROUVEZ-LUI DES MODÈLES

Les 10 clés

2 NE TRANSMETTEZ PAS VOS PROPRES ANGOISSES

3 ENTRAÎNEZ-VOUS À VOIR LE VERRE À MOITIÉ PLEIN

4 VALORISEZ LES ÉCHECS DE VOTRE ENFANT

5 PARLEZ DES PEURS DE VOTRE ENFANT AVEC LUI

6 CÉLÉBREZ LES SUCCÈS

1 APPRENEZ À ÊTRE OPTIMISTE

Dès leur plus jeune âge, nos enfants nous regardent, nous observent et cherchent à se faire aimer par nous. Le mimétisme dont ils peuvent faire preuve est parfois surprenant. Nous le percevons bien avec les gros mots par exemple. Nous savons qu'il convient de ne pas parler comme un charretier devant un tout-petit, histoire qu'il ne fasse pas de même à l'école devant son maître ou sa maîtresse.

Un enfant est une page blanche qui se remplit jour après jour. Si je devais aller plus loin, je dirais que chaque enfant possède un cahier vierge, **il est le stylo et ses parents sont sa première encre** ; viendront ensuite ses amis, ses professeurs, mais ses parents restent au centre de beaucoup de choses.

Intuitivement, nous sommes optimistes avec nos enfants. Par exemple : un enfant va essayer en moyenne 2 000 fois avant de réussir à enchaîner trois pas et tomber. Quel parent au monde, au bout de 1 999 chutes, désespérant de ne pas voir son enfant réussir, lui dirait : « Cesse d'essayer, tu n'y arriveras jamais, tu es trop nul… » ? Aucun, nous sommes bien d'accord. Mais si aucun parent ne fait cela, c'est parce que **nous savons que cet enfant, à un moment ou un autre, va y arriver**. C'est la certitude du succès qui nous permet de supporter l'échec. **Aucun succès ne s'est construit sans échec**. Notre culture française n'est malheureusement pas très fan de cette notion. Se planter n'est pas une option. Mais alors, comment apprendre de nouvelles choses si l'on n'accepte pas la possibilité de ne pas y arriver ? Car, mauvaise nouvelle peut-être, vous n'êtes ni Superman, ni Wonder Woman. Et cette relation à l'échec, il est fondamental de la travailler.

Choisissez **le pire échec** de votre vie

Ça y est, vous l'avez ? Qu'il soit personnel ou professionnel, le moment de l'échec n'est jamais agréable, sinon, cela s'appelle du masochisme. Une fois que vous avez identifié cet échec, rappelez-vous de la manière dont vous en parliez à l'époque et peut-être encore aujourd'hui. Un échec est, en théorie, une blessure indélébile, une frustration, quelque chose que vous préféreriez oublier alors que, fondamentalement, il est essentiel non seulement que vous ne le fassiez pas mais qu'au contraire, vous en fassiez... un ami ! **Cet échec fait partie intégrante de votre vie**. Quoi que vous fassiez, il ne disparaîtra jamais, vous devez « faire avec » et, dans un second temps, en faire une force. Pour vous convaincre que c'est possible, je vous engage, si vous ne le connaissez pas, à aller voir une vidéo de Nick Vujicic. Cet homme est né sans jambe, sans bras, et quel est son métier ? Apprendre l'optimisme aux enfants ! S'il peut arriver à surmonter son handicap, nous devrions arriver à surmonter nos blessures de la vie, non ?

Analysez les mots que vous utilisez pour parler de cet échec

Nous avons parfois tendance à noircir le tableau. Pas uniquement par mythomanie latente, mais juste parce que, souvent, nous souhaitons attirer l'attention sur nous et faire valoir que notre malheur mérite toute l'attention de nos amis, de notre famille. L'idée n'est pas ici de minimiser votre échec, mais **d'essayer d'en parler de façon tout à fait objective**. Par exemple, un licenciement, ce n'est pas la fin de votre vie. Pour l'avoir vécu un certain nombre de fois, il est certain que c'est traumatisant sur le moment. Mais si, au lieu de parler de toutes vos angoisses, vous essayiez plutôt de parler de toutes les choses que vous n'aimiez pas dans le travail que vous avez perdu, de ce que vous n'auriez jamais pu faire si vous étiez encore dans cet emploi ? Le principe face à un échec est de **l'intégrer** le plus rapidement possible, d'admettre que quoi que vous fassiez, c'est du passé, et de réfléchir le plus vite possible, non pas à la meilleure façon de l'oublier – cela, en psychologie, ça s'appelle refouler – mais au contraire à la façon dont vous pourriez **tirer du positif** de cet échec. Quelques exemples concrets :

Vous venez de vous planter lors d'une présentation importante ?

Au lieu de penser que votre carrière est finie, analysez précisément les raisons de votre échec, parlez-en avec votre boss et/ou vos collègues pour que cela ne se reproduise plus jamais. Le monde préfère toujours quelqu'un qui s'est trompé mais qui apprend, plutôt que quelqu'un qui s'enferme dans ses frustrations.

Votre enfant vient de rater son bac ?

Quel âge avez-vous ? S'il vient de le rater, 40 ou 50 ans ? À cet âge, vous êtes bien placé pour savoir que dans la vie, une année, ce n'est pas grand-chose. J'aime beaucoup cette phrase de MC Solaar :
« Pour aller de l'avant, il faut prendre du recul
Car prendre du recul, c'est prendre de l'élan. »
Se lamenter ne lui fera pas avoir son bac, pensez plutôt à comment optimiser l'année à venir.

Il est important d'être réaliste sur notre relation au monde. Nous avons souvent tendance à penser que cela n'arrive qu'à nous, que décidément, nous n'avons pas de chance mais cela est inexact. Nous vivons peu ou prou toutes et tous les mêmes choses, les mêmes peines, les mêmes frustrations. À des degrés différents bien entendu, mais le concept de malchance n'existe pas. Le Dalaï Lama dit qu'il n'existe pas de personnes nées sous une mauvaise étoile, qu'il n'y a que des gens qui ne savent pas lire le ciel. **L'échec fait partie de la vie**. Il faut tomber beaucoup pour apprendre à marcher. Et ce cumul d'échecs que nous avons connu pour apprendre à marcher devrait nous servir de leçon pour notre vie entière.

LE SAVIEZ-VOUS ?

✓ Les psychologues C. E. Waugh et B. L Fredrickson ont vérifié que, dans une relation, il fallait 2,9 fois plus d'informations positives en direction de son interlocuteur, que de négatives, pour qu'une relation soit « florissante » (flourish).

• *Parlez positivement de votre échec*

Faites la liste de tout ce qu'il y a de positif dans votre vie grâce à cet échec : ce que vous avez appris, les autres échecs que vous avez évités, les nouvelles choses que vous avez. Un proverbe japonais dit que le succès, c'est tomber sept fois et se relever huit. Eh oui, pour apprendre à marcher, il faut apprendre à tomber. La prochaine fois que vous pensez à cet échec, ou que vous en parlez à quelqu'un, essayez de le présenter sous cet angle positif au lieu de vous flageller avec des orties fraîches. L'aspect positif de l'optimisme, au-delà du bien-être que cela vous procure, c'est que vous le diffusez dans votre entourage. **L'optimisme est un cercle vertueux**.

➔ Utiliser **la technique du Post-it®**

La vie n'est pas un long fleuve tranquille, c'est une évidence. Mais vous remarquerez que vous vous souvenez beaucoup plus de vos malheurs que de vos bonheurs. Pour combattre cela, un conseil : chaque jour, notez sur un Post-it® une chose positive de votre journée, mettez la date puis déposez ce papier dans un vase transparent. Si, en fin de journée, vous n'avez rien à écrire, provoquez ce moment positif, appelez un(e) ami(e) que vous n'avez pas eu(e) au téléphone depuis longtemps, puis notez ce moment positif sur le Post-it®. Les jours de « déprime », replongez la main dans ledit vase, prenez un Post-it® et rappelez-vous de tous les bons moments que vous avez vécus jusqu'à ce que vous vous disiez que ce qui a rendu votre journée toute pourrie, finalement, n'est pas si grave ou important que cela !

2 NE TRANSMETTEZ PAS VOS PROPRES ANGOISSES

On ne va pas se mentir, avoir un enfant, c'est une joie immense, certes, mais c'est également une angoisse abyssale, et ce dès leur naissance. Et à chaque nouvel enfant, de nouvelles angoisses. Je me rappelle la naissance de mon deuxième enfant. Quelques heures après l'accouchement, comme pour le premier, on lui a fait une petite entaille sur le talon pour analyser son sang. À l'époque de mon premier, je n'y avais pas prêté attention mais là, c'était très particulier. Sa naissance arrivait quelques mois après la mort de Gregory Lemarchal, due à la mucoviscidose. Il se trouve que j'ai côtoyé cet incroyable garçon qu'était Gregory, et que cette petite entaille sur le talon des nouveau-nés sert à savoir s'ils ont, ou non, cette maladie. Quelques heures après sa naissance, je prenais conscience que la probabilité qu'on annonce que mon fils avait une espérance de vie de 20 ans était non nulle. Autant vous dire que mon niveau de stress n'était pas tout à fait le même que quelques années auparavant, à un moment où je ne savais même pas ce qu'était cette maladie. J'étais stressé, terriblement, et mon premier petit garçon était à mes côtés. À quoi cela aurait-il servi de partager mon angoisse ? Bien sûr, mon premier avait rencontré Gregory et savait ce qu'était cette maladie mais n'envisageait même pas que son petit frère puisse l'avoir. Le stress, le mien, fut de courte durée mais cette expérience de mélange de moment incroyablement positif et d'angoisse profonde m'a fait prendre conscience de la nécessité absolue de ne pas soumettre nos enfants à notre propre stress.

Leur grille de lecture n'est pas celle d'un adulte

Un enfant vit dans un monde magique où tout est généralement simple. En tant qu'adulte, nous le savons bien, c'est loin d'être la vérité. Et non, le monde des Bisounours n'est pas le nôtre. Parlez de chômage à un tout-petit, il va s'imaginer SDF, de séparation, il va s'imaginer ne plus jamais voir l'un de ses deux parents, de terrorisme, il va penser qu'une horde de djihadistes affamés de sang va débarquer dans sa chambre. **Il ne s'agit en aucune façon d'éluder ces réalités**, d'autant plus que dans les cours d'écoles, les enfants aiment jouer à se faire peur. En tant que parent, il faut bien comprendre que nous devons impérativement nous adapter à la grille de lecture de nos enfants et, avant toute chose, **renforcer le sentiment de sécurité** dont nos enfants ont besoin. Il m'est arrivé d'être au chômage dans ma vie. Mes enfants, me voyant beaucoup plus souvent à la maison, me posaient des questions. Sans leur cacher que je ne travaillais plus, je leur disais que je changeais de travail car l'ancien ne me convenait plus et que cela ne changeait qu'une seule chose pour eux : ils allaient voir leur papa plus souvent pendant un temps. Cette perte de travail qui m'angoissait, j'ai essayé d'en faire quelque chose d'optimiste à leurs yeux : Papa allait être là plus souvent pendant un temps et allait trouver un travail qui lui plairait plus.

• *Ils comptent en dodo, nous en mois ou en années*

Observez le rapport au temps de nos enfants. Une année leur semble une éternité alors que pour nous, l'âge aidant, les années défilent à une vitesse incroyable. Se projeter ne serait-ce qu'à un mois est un exercice extrêmement complexe, voire anxiogène pour un petit. Un tout jeune enfant de moins de 5 ans n'aura aucune autre notion de temps que des moments de la journée. À partir de 6 ans, il pourra se référer aux jours puis, vers 8 ans seulement, aux mois (Valérie Tartas, *Le développement de notions temporelles par l'enfant*, 2010) ; et nous ne parlons pas d'années. Ainsi, dire à un enfant de 6 ou 7 ans qu'il ne faut pas s'inquiéter parce que Papa ou Maman retrouvera un travail dans un mois ou deux peut être profondément anxiogène pour lui, alors que, d'un point de vue adulte, c'est plutôt une bonne nouvelle.

➔ Nos enfants ne sont pas nos confidents

Je suis assez surpris quand j'entends des parents parler de problèmes d'adultes avec leurs enfants. Jusqu'à un certain âge du moins, tout problème que peut avoir un parent angoisse son enfant, pour ne pas dire **le culpabilise** ! Regardez dans le cas d'une séparation. Un enfant va souvent avoir le sentiment d'être responsable, voire coupable de quelque chose. Un enfant est une éponge à angoisses mais, au-delà de les absorber, **il va les amplifier** du fait de l'effet « cour d'école ». Il aura forcément un camarade qui lui expliquera que ce qu'il vit est atroce parce que lui-même a entendu l'ami d'un ami d'un cousin dire que c'était atroce. Un problème d'adulte doit rester un problème d'adulte et ne jamais être présenté tel quel à un enfant. Bien entendu, ce dernier fera preuve d'empathie et pleurera avec vous dans vos bras. Mais avant de vous confier à lui, pensez à toutes les angoisses que vous allez générer chez lui. D'une personne angoissée, vous, vous allez comme par magie en créer deux, dont l'un ne saura pas quoi faire pour vous aider.

LE SAVIEZ-VOUS ?

Le fait de prendre nos enfants pour nos confidents a un nom : **la parentification des enfants**.
Les psychiatres Ivan Boszormenyi-Nagy et Barbara Krasner le décrivent comme « l'inverse de la juste reconnaissance de la contribution de l'enfant avec cette caractéristique spécifique de le priver de son droit naturel à être enfant ».

Il va de soi que demander conseil à ses enfants sur des doutes d'adultes que vous auriez procède du même principe. Si vous, en tant qu'adulte, ne savez pas résoudre un problème, l'enfant est tout aussi dépourvu, à ceci près qu'il est en pleine construction et se dira très directement : « À quoi bon grandir si l'on ne trouve pas de solution aux problèmes que l'on a ? » Votre enfant ne sera pas plus capable de vous conseiller sur quelle assurance-vie choisir que sur savoir s'il faut rester avec votre nouve(au)lle compagne/compagnon. Mais au-delà de demander un conseil, ce qui serait absurde, ne serait-ce que confier vos problèmes d'adulte à votre enfant, procède du même principe et est anxiogène pour un enfant qui n'est intellectuellement pas construit pour comprendre ceux-ci.

La positive **attitude**

Il ne faut pas cacher nos problèmes à nos enfants s'ils posent des questions. Vous l'aurez remarqué, ils détectent avec une acuité parfois étonnante vos écarts d'humeur. Si votre enfant vous demande si vous allez bien et que ce n'est pas, mais alors vraiment pas le cas, **lui expliquer qu'effectivement ça ne va pas fort** mais que vous allez trouver une solution car c'est ce que fait un adulte, trouver des solutions, aura **un triple effet positif**.

Vous le rassurerez sur ce que vous vivez

Pour rappel, un enfant n'a qu'un rapport relatif au temps. Pour lui, dire que ça va aller bien très bientôt lui suffit pour être rassuré. Il ne vous demandera pas « oui... mais quand ? ». Il est insupportable pour un enfant de sentir que ses parents ne vont pas bien et pourtant, c'est comme cela, il y a des jours où ça ne va pas, comme pour nos enfants, et **ils sont tout à fait aptes à le comprendre**. Leur faire comprendre que la vie est faite de hauts et de bas est normal, pour un enfant comme pour un adulte.

Vous lui donnez une grille de lecture positive pour ses propres problèmes

Vous êtes un exemple pour vos enfants et notre métier de parent est d'essayer, autant que faire se peut, de **leur donner tous les outils** pour naviguer le mieux possible dans la vie. Constater que leurs parents affrontent avec le sourire les difficultés ne peut que les aider au quotidien.

Vous le rassurez sur sa propre vie future d'adulte

Il sait bien qu'il va grandir et il est important qu'il en ait envie. Imaginez-vous vivre en sachant que dans dix ans, vous allez vivre un enfer ? Franchement, chaque jour qui passerait, vous rapprochant inexorablement de ce jour fatidique, vous angoisserait. Vous n'auriez plus envie que le temps passe. Pour votre enfant, c'est pareil. S'il veut grandir, **il faut qu'il en ait envie**, que l'avenir lui semble une belle et bonne chose.

3 ENTRAÎNEZ-VOUS À VOIR LE VERRE À MOITIÉ PLEIN

Lorsqu'un problème survient, il semble au premier abord insurmontable, ce qui est tout à fait normal, c'est le moment du choc. Que nous soyons un nourrisson ou un adulte, il en va de même. Essayez d'enlever son doudou favori à un bébé, vous verrez que le choc est terrible. Mais que se passe-t-il quand cela arrive ? Et c'est arrivé à tout parent : oublier le doudou fétiche, ou pire, le perdre (petit conseil en passant, si jamais votre enfant a un doudou fétiche, courrez en acheter un deuxième exemplaire immédiatement, cela évitera les potentiels problèmes). Quand cela arrive, en tant qu'adulte, nous sommes dépourvus, forcément. L'enfant ne peut concevoir entamer sa sieste ou sa nuit sans son compagnon et pourtant... il finira par y arriver car vous, en tant que parent, vous êtes là pour le rassurer. Je vous le rappelle, un enfant n'a pas la même notion du temps qu'un adulte. Si vous lui dites : « on le retrouvera demain », le concept même lui est étranger. Mais à un moment, il fera contre mauvaise fortune bon cœur, la fatigue aidant bien entendu, et finira par s'endormir avec le doudou de substitution.

En tant qu'adulte, nous sommes partagés entre notre cœur en mille morceaux face à la tristesse de notre enfant et notre cerveau qui se demande bien pourquoi faire un tel drame pour un bout de tissu que l'on retrouvera sans aucun doute dans quelques heures. Le cœur et la raison, cet éternel combat que nous connaissons bien souvent dans notre vie, existe également dans notre manière de voir les choses. Bien entendu, **quand quelque chose de négatif arrive, c'est le cœur qui va parler en premier**, avec rage parfois. L'idée est ici d'apprendre à faire fonctionner son cerveau en premier, afin de voir, le plus vite possible, le verre à moitié plein plutôt que le verre à moitié vide.

LE SAVIEZ-VOUS ?

La France se hisse au top 10 des puissances financières mondiales, mais n'est que 23e au classement de l'ONU des pays les plus heureux. Certes, l'argent ne fait pas le bonheur. Mais intuitivement, le bien-être et le bonheur devraient être meilleurs dans un pays riche que dans un pays dramatiquement pauvre. C'est probablement que l'explication se trouve ailleurs.

Le verre **à moitié vide**

Généralement, cette vision est **une vision à très court terme**. Factuellement, il est arrivé quelque chose de négatif, un évènement qui vous enlève quelque chose : un travail, votre santé, une relation amoureuse, une amitié, un objet important, un rêve, etc. Sans aucun doute possible, le verre est à moitié vide ! Il est fondamental de laisser libre cours à ces sentiments et ces émotions. **Le pire serait de les nier**, histoire de préparer les frustrations de demain. Mais, cette douleur diffuse, il est important d'en faire quelque chose de plus rationnel. L'enfant qui perd son doudou ressent la peine de la perte et de l'absence mais est incapable de rationaliser en se disant que cette peine n'aura qu'un temps. Vous, vous êtes adulte et c'est là toute la différence. Parlez, écrivez, exprimez cette peine, mettez des mots dessus afin de faire passer petit à petit cette situation de votre cœur à votre cerveau, nettement meilleur conseiller. Oscar Wilde disait que seuls les faibles mettent des années à s'affranchir d'une émotion, et que celui qui est maître de soi peut étouffer un chagrin aussi aisément qu'inventer un plaisir ; c'est un petit peu extrême, mais il y a du vrai. C'est à notre cerveau, parfois, de faire taire notre cœur, encore faut-il le décider.

LE SAVIEZ-VOUS ?

Selon Martin Seligman, fondateur de la psychologie positive, « cette façon de voir le verre à moitié vide est héritée d'une longue histoire de protestation et est intimement liée au caractère révolutionnaire de la France ».

Le verre **à moitié plein**

Le cerveau analyse, il est cartésien. C'est lui qui va admettre que si nous avons perdu la moitié de ce satané verre, il en reste tout de même la moitié, ce qui est concrètement mieux que s'il n'y avait plus rien. Mais les psychologues nous expliquent que ce n'est pas aussi simple que cela, du fait de notre nature humaine et de ce qu'ils appellent « le biais de la négativité ». Oui, il semblerait que nous soyons plus fans et excités par de mauvaises nouvelles que par les bonnes. Pour s'en convaincre, il suffit de regarder les pics d'audience des chaînes d'informations en continu. Des psychologues ont réalisé une série de tests visuels pour valider l'hypothèse selon laquelle le négatif l'emporterait toujours sur le positif ; les participants ont tendance à s'attarder plus longuement sur les images suscitant des pensées, des sentiments tristes ou effrayants, que joyeux. Et, conséquence très directe, comme la mémorisation dépend de l'attention, **nous nous souvenons beaucoup plus des évènements négatifs que des positifs**. Certes, j'ai déjà rencontré des personnes qui étaient tellement négatives qu'elles ne voyaient même plus le verre à moitié vide ou plein, elles le voyaient, quoi qu'il arrive, systématiquement vide, comme si le négatif ne pouvait supporter la moindre touche de positif.

Votre enfant n'a eu que des 3/10 en géographie pendant le premier trimestre et ramène, tout fier, un 4,5/10. À votre avis, quelle réaction va le motiver le plus pour continuer à progresser ?

- « Dis donc, *c'est toujours pas* la moyenne. »
- « C'est mieux qu'avant mais *c'est quand même pas terrible*. »
- « Waouh, top, *tu as progressé*, bravo mon/ma chéri(e), tu vois, le travail paye. Je suis sûr que bientôt tu auras 10/10. Je crois en toi. »

Ce qui est difficile, c'est de ne pas laisser notre cœur parler, mais bien notre tête. Pas toujours simple ! Sachant qu'il est naturel de se focaliser sur le négatif, il est vraiment essentiel de travailler son attention sur le positif, quotidiennement.

Les techniques au quotidien

Solution 1 : La visualisation positive

Visualiser chaque jour, très concrètement, la quantité de positif de notre vie nous permet petit à petit de devenir véritablement optimiste. Forcément, au bout d'une semaine, cela vous semblera bien maigre, mais imaginez au bout de deux ou trois ans. Chaque jour, en plus de l'exercice des Post-it® positifs (voir clé n° 1), **essayez de recréer l'émotion positive ressentie à un moment de la journée**, pour entraîner votre cerveau à se focaliser sur le positif. Vous pouvez aussi tenter de trouver le positif qui ressort des moments négatifs de la journée ; avec la pratique, cela peut devenir une habitude !

Solution 2 : Changez de vocabulaire

Vous avez remarqué, un Français aura tendance à dire « c'est pas mauvais » plutôt que « c'est bon », etc. Essayez de ne plus le faire : **affirmez clairement votre posture positive en l'exprimant**. Votre enfant se sentira autrement plus valorisé si vous lui dites « c'est bien » lorsqu'il ramène une note, voire, soyons fous, « c'est très bien » plutôt qu'un laconique « c'est pas mal ». Vous pouvez également essayer un exercice, plus complexe mais d'autant plus intéressant : supprimer l'utilisation du « mais ». « C'est bien... mais » ; « tu as bien travaillé, mais... » etc. **Le « mais » est une arme de destruction massive du positif et de l'optimisme**. Un petit peu comme si notre cerveau nous rappelait qu'il préfère les informations négatives et qu'il fallait le nourrir un petit peu après trop de positif. Essayez, ne serait-ce qu'une seule journée et, vous verrez, ce n'est pas aussi simple que cela peut paraître.

4 VALORISEZ LES ÉCHECS DE VOTRE ENFANT

Non, nos enfants ne sont pas parfaits. À leur naissance, nous imaginons un avenir brillant obtenu sans aucun accroc tant ils sont beaux et intelligents. Mais nous sommes bien vite confrontés à la réalité. Nos enfants sont comme tous les autres enfants : pour apprendre à marcher, il faut apprendre à tomber dans un premier temps. Pour enchaîner trois pas avant de tomber, un bébé réalisera en moyenne 2 000 essais. Dès son plus jeune âge, il apprend qu'avant de réussir, il faut se confronter à l'échec. Il en va de même avec l'apprentissage du langage. Quel parent ne se délecte pas des erreurs de vocabulaire que font nos enfants ? Parler de « pestacle » au lieu de spectacle, de « caqse » au lieu de casque… mais, en grandissant, **nous devenons de plus en plus intransigeants avec les échecs de nos enfants** du fait que ceux-ci peuvent avoir des conséquences plus importantes au fur et à mesure qu'ils grandissent. Et pourtant, la mécanique reste la même pour tout apprentissage : **pour apprendre à réussir, il faut d'abord échouer !**

➔ Chaque étape permet de **mener à la suivante**

Mon premier fils avait décidé qu'il ne ferait pas de quatre-pattes. Il est passé directement d'une méthode de déplacement basée essentiellement sur le fait d'être assis et de faire des petits sauts sur sa couche, à la marche. Je vous garantis que nous trouvions cela très drôle au début mais que nous avons fini par nous inquiéter. Je me suis même surpris à faire des démonstrations de quatre-pattes à mon fils, histoire de lui montrer à quel point ce mode de déplacement était autrement plus rapide que le sien. Il s'en moquait comme de sa première couche, il a fait à sa façon et force est de constater qu'il marche tout à fait normalement aujourd'hui !

• *Chaque enfant a son rythme d'apprentissage, quoi que nous fassions*

Je ne suis pas un scientifique mais un observateur, et en matière de gestion de l'optimisme, je ne suis pas certain que le premier soit plus expert que le second. Certains enfants marcheront plus vite, d'autres développeront la parole plus tôt. La tâche de nos têtes blondes est tellement gigantesque, ils ont tellement de choses à apprendre que leur cerveau va naturellement les orienter vers les choses qu'ils aiment le plus, c'est normal. Et il en est de même lorsqu'ils grandissent. Si vous devez apprendre à skier et que l'on vous donne le choix entre prendre la piste pour débutants ou une piste noire, pleine de bosses et de verglas, que feriez-vous ? Intuitivement, depuis notre naissance, notre instinct est malin, il nous oriente vers la piste facile sachant que la piste noire viendra après. Simple question de bon sens, **vouloir mettre la charrue avant les bœufs, c'est se garantir un échec retentissant**. Bien sûr, nous serions tellement fiers si dès leur première leçon de ski notre enfant pouvait descendre à toute berzingue et avec une incroyable assurance la piste noire la plus difficile de la station... et pourtant, nous n'exigeons pas cela de lui et sommes déjà très fiers quand il descend sa piste Babar avec un style plus proche de Jean Claude Duss que de Jean-Claude Killy.

Certains aimeront les mathématiques, d'autres le français, d'autres encore le sport, etc. Mais nous, parents, nous les voulons bons en tout, absolument bons en tout. Je sais que la comparaison va vous sembler simpliste mais c'est pourtant vrai : apprendre les mathématiques, c'est exactement comme apprendre à marcher. Si un enfant se fait gronder à chaque fois qu'il ramène une mauvaise note, il ne pourra pas s'améliorer. Il faut, comme pour l'apprentissage de la marche, **qu'il apprenne à se tromper pour apprendre à bien faire**. Et si pour chaque apprentissage, nous estimions que c'est exactement comme s'il apprenait à skier ? Ne serions-nous pas moins impatients qu'il descende la piste noire ?

➔ Faites-lui dépasser **la crainte de l'échec**

Si vous n'êtes pas positif et mettez de la pression à votre enfant pour qu'il soit parfait, votre enfant va avoir tendance à mesurer l'amour que vous lui portez en fonction des résultats qu'il aura. Lui faire comprendre qu'il n'est pas parfait est essentiel. Après tout, l'êtes-vous vous-même, parfait(e) ? Non ? Alors pourquoi voudriez-vous que par je ne sais quel miracle votre enfant le soit ? **Le problème n'est jamais l'échec, mais la répétition de celui-ci**. Une mauvaise note ? Génial, c'est l'opportunité de faire mieux la prochaine fois.

J'entends d'ici certain(e)s d'entre vous dire : « Si nous allons dans ce sens, notre enfant va finir par rentrer à la maison avec un grand sourire et nous dire : «Papa, maman, c'est génial, j'ai eu un zéro en maths !» ». Le rôle du parent est de **donner le sens de la progression**. Nous le savons bien, parfois, nos enfants bloquent sur un apprentissage et se disent qu'ils sont nuls. Mais quand ils vous disent « je suis nul », le problème est que si vous entendez « je suis nul en math », votre enfant vous dit « je suis nul en tant que personne ». Pourquoi ? Parce qu'il/elle sait que vous serez déçu.

Franchement, un zéro en math, ce n'est pas la fin du monde, ni être recalé au bac. Il ne s'agit en aucune manière de devenir totalement laxiste en laissant faire ce que bon lui semble mais juste de lui faire comprendre qu'en tant que parent, vous acceptez ses échecs car c'est grâce à eux qu'il progressera. Plus un enfant aura cela marqué en lui, plus **il osera essayer** un grand nombre de choses. Si un enfant sait que s'il ne réussit pas, il se fera gronder par ses parents, très rapidement, il comprendra qu'il vaut mieux ne rien essayer de nouveau, de peur d'échouer… et de se faire gronder pour une nouvelle raison. En tant qu'adultes, nous fonctionnons exactement de la même manière.

• *Parlez de vos propres échecs*

De temps en temps, parlez de vos échecs à vos enfants, de façon positive et naturelle. Ne prenez rien de traumatisant, bien sûr, des petits exemples, et riez-en pour bien montrer qu'un adulte aussi, ça peut se planter. Vous revenez d'un match de foot, racontez-lui comment vous avez raté un but totalement immanquable alors que si vous aviez marqué, vous auriez gagné le match. Adaptez l'exemple en fonction de l'âge, bien entendu, mais vous comprenez l'idée. Apprendre à rire de ses échecs, c'est apprendre à mieux les gérer, plutôt qu'à générer de la frustration. Il ne s'agit pas de faire preuve de légèreté ou de « je-m'en-foutisme », juste de relativiser et de faire comprendre et accepter que l'échec fait partie de la vie, que l'échec est quelque chose de normal. Si vous, en tant qu'adulte, vous assumez pleinement et sereinement vos échecs et en parlez avec vos enfants, vous verrez que petit à petit, ils feront de même avec les leurs.

J'aime beaucoup cette citation de Winston Churchill : « Le succès, c'est d'aller d'échec en échec sans perdre son enthousiasme. » Cette citation résume parfaitement le sens de ce chapitre ; **il n'existe absolument aucun succès sans aucun échec et aucun apprentissage sans erreur, jamais**. La personne qui prétendrait le contraire est, au choix, affreusement prétentieuse ou terriblement mythomane.

De façon inconsciente, ou consciente pour certains, nous souhaitons que nos enfants soient brillants en tout. La réalité est toute autre et si nous ne leur apprenons pas à aimer leurs échecs, ils auront le sentiment de n'être que déception pour leurs parents. Franchement, quel parent pourrait souhaiter cela ? Avez-vous observé un jeune parent qui s'extasie devant les premiers pas de sa progéniture ? Ses premiers mots ? Forcément, il est incroyable, unique, brillant, différent. Être parent, c'est accepter que notre enfant a le droit d'être quelconque, ou nul en quelque chose. Notre métier est de lui faire découvrir non pas forcément la chose dans laquelle il sera brillant, mais *a minima* la chose dans laquelle il s'épanouira.

5 PARLEZ DES PEURS DE VOTRE ENFANT AVEC LUI

Chaque enfant fait des cauchemars terrifiants à ses yeux et, pour être totalement honnête, ils le sont ! Nous prenons notre enfant dans notre lit, exceptionnellement, lui expliquons que ce n'est pas la réalité, que c'est normal qu'il ait peur et, petit à petit, il accepte de gérer sa peur. Ayant expérimenté une période assez compliquée de cauchemars avec mon fils aîné, j'ai eu l'idée de « mentir » à son petit frère. Dès l'arrivée des cauchemars, je lui ai donné une petite peluche (mais vous pouvez choisir ce que vous souhaitez comme objet) en lui disant que c'était un aspirateur à cauchemars, un petit objet magique qui empêche les cauchemars de venir l'embêter. Cinq années plus tard, le petit bonhomme devenu plus grand vient me voir et me dit : « Tu sais papa, je sais que l'aspirateur à cauchemars c'est un énorme mensonge, mais franchement, ça marche super bien ». Il a 12 ans au moment où j'écris ces lignes, et il dort toujours avec son aspirateur à cauchemars. Pourquoi ? Parce qu'il n'est pas, plus, paralysé à l'idée de faire un cauchemar. Quand il en fait un, ce qui lui arrive de temps à autre, nous en parlons.

Chacun, en fonction de son âge, a ses propres peurs. Mon petit dernier est du genre inquiet en toute chose, parfois pour des bêtises. Mais ce que je considère, en tant qu'adulte, comme des bêtises sont des choses très sérieuses pour lui.

Ne pas vouloir parler de ses peurs serait lui dire d'une manière détournée que je ne le respecte pas en tant que personne. Il a le droit d'avoir peur, c'est sain. Vous n'avez jamais peur, vous ? Je ne sais pas si vous avez essayé le saut en parachute mais si ce n'est pas le cas, pour retrouver la sensation de la peur, essayez !

L'une des peurs les plus communes est le changement de niveau à l'école : l'entrée au CP, puis en 6e, puis en seconde puis... le bac. Ce sont de vraies peurs, de vraies angoisses. Leur dire un simple « Ne t'inquiète pas, tout va bien se passer ! » n'est pas suffisant. **Il faut argumenter et savoir écouter**.

Bien souvent, les peurs qu'ont vos enfants sont des peurs que vous avez eues.

Les 3 étapes pour l'aider à dépasser ses peurs

Ne lui dites jamais que si vous, vous êtes arrivé à dépasser cette peur quand vous aviez son âge, il est évident qu'il va y arriver plus vite que vous parce que vous, vous n'aviez pas des parents aussi géniaux que lui ! Si l'être humain a besoin d'être rassuré face à ses peurs, il n'a en aucune manière besoin de se sentir dévalorisé face à celle-ci. Quelle que soit la peur, les phases pour la gérer sont toujours les mêmes.

Phase 1 : rationaliser la peur

En psychologie, rationaliser signifie **mettre des mots sur la peur**, essayer d'être cartésien face à quelque chose qui ne l'est pas dans l'absolu. Si votre enfant a peur d'entrer en 6e, il faut qu'il dise précisément ce qui lui fait peur :

- De nouveaux camarades ?
- Avoir beaucoup de professeurs différents alors qu'avant, il n'y en avait qu'un ?
- Peur d'être le petit du collège ?
- Peur de ne pas réussir ?

Phase 2 : parler de votre expérience

Expliquez à votre enfant que quand vous aviez son âge, vous aussi vous aviez peur, mais pas nécessairement pour les mêmes raisons. Certes, c'est un petit peu de la manipulation et je sais que ce mot a une mauvaise réputation dans notre langue mais, après tout, un kinésithérapeute ne nous manipule-t-il pas le dos ? Si lui a peur de la 6e à cause du grand nombre de cours et que vous lui dites avoir eu peur d'arriver dans un bâtiment gigantesque, cela aura un double effet :

- Lui/elle n'a pas peur de quelque chose qui vous faisait peur, vous, son modèle ! **C'est valorisant pour lui**. Cela signifie que ce n'est pas le plus grand froussard de la terre.
- Vous n'aviez pas peur de quelque chose qui lui fait peur et, en cela, vous pouvez l'aider à dépasser cette peur. Il comprendra **qu'il est normal d'avoir des peurs** et que, quoi qu'il arrive, ces peurs existent non pas pour nous embêter, mais pour nous faire grandir.

• *Phase 3 : positiver la peur*

Quel que soit notre âge, nous pouvons avoir peur, c'est naturel. En fonction de l'âge de votre enfant, prenez un exemple qui potentiellement fait peur :

- Le grand méchant loup
- Entrer en sixième
- Passer son bac
- Choisir son futur métier
- Se trouver en face d'un grand requin blanc (là, ça fiche franchement la trouille)

➔ **Les conseils** à lui donner pour éviter d'avoir peur

Il y a un exemple que j'aime beaucoup pour expliquer comment fonctionne la peur et comment lutter contre : le saut du plongeoir de 10 mètres. Quand on est au bord du plongeoir à 10 mètres, pour celles et ceux qui l'ont déjà fait, ce n'est ni d'arriver au bord de ce plongeoir qui est difficile, ni la descente, ni même l'entrée dans l'eau... non, la seule chose difficile, c'est ce tout petit pas de quelques centimètres qui nous sépare du vide... ce qui est difficile, c'est de décider de le faire... après, tout va bien ! Pour garder cette image du plongeoir, comment expliquer à nos enfants comment lutter contre cette peur qui est naturelle ?

1. Ne pas écouter les copains pessimistes

C'est lui qui va plonger... pas eux. Bien souvent, ceux qui vont lui dire : « C'est débile de sauter, tu vas te faire mal ! » sont ceux qui projettent sur lui la peur qu'ils ont eux-mêmes de le faire… alors qu'ils en ont peut-être envie. Rationaliser leur peur en la lui transmettant est un moyen de se rassurer sur le fait qu'ils ne sont pas, eux-mêmes, finalement, des lâches.

2. Ne pas écouter les copains (trop) optimistes

Ceux qui vont lui dire qu'après avoir sauté, ça serait pas mal d'enchaîner avec une ou deux pirouettes avant d'entrer dans l'eau, sont généralement des gens qui ont dépassé leurs peurs parce qu'ils ont déjà sauté plusieurs fois. Ou alors, dans un second cas, ce sont d'anciens pessimistes qui utilisent le plongeon pour tester des choses qu'ils n'osent pas faire. Les premiers sont dangereux car ils veulent lui faire sauter des étapes qui leur ont été nécessaires pour arriver là où ils sont… L'exemple du plongeon est assez clair : l'expérience ne se transmet pas en une parole ! Les seconds sont dangereux car ils n'ont aucune idée de ce qui va se passer pour lui… il leur sert de cobaye.

3. Ne pas regarder en arrière

Notre passé est rassurant car c'est la seule chose dans notre vie dont nous avons la maîtrise. Oui, c'était bien confortable le CM2 quand on va passer en 6e ! Redescendre du plongeoir par l'échelle, c'est certain, ne représente aucun risque. Ce petit regard vers l'escalier, quand on est au bord du plongeoir, nous l'avons tous eu… hésitation… certitude d'être en sécurité ou possibilité de vivre un moment inoubliable ? Ou pas ! Une seconde chose est certaine, tant que l'on n'a pas sauté, impossible de savoir si on aimera ou pas.

4. Regarder au loin

Au bord du plongeoir, la première fois, il ne faut pas regarder vers le bas mais vers l'horizon. Pourquoi ? Parce qu'en plus de la distance objective de 10 mètres jusqu'à la surface de l'eau s'ajoute l'épaisseur de l'eau. Ce que l'on visualise, c'est la distance jusqu'au fond de la piscine... et c'est encore plus impressionnant ! Or, l'objectif est bien de se faire plaisir, non d'aller toucher le fond de la piscine ! C'est de connaître la sensation d'être en l'air, de « voler » durant quelques instants. Je dois fixer cet objectif au lieu de me focaliser sur les obstacles... Mais je dois rester sur mon objectif avant tout et regarder au loin, sinon, je ne sauterai jamais.

5. Assumer l'échec

L'été dernier, je me suis forcé à faire du parapente. J'avais une énorme appréhension... de fait, je déteste être en l'air, même en avion. Mais tant de personnes m'ont dit que c'était génial que j'ai essayé... et, résultat des courses... j'ai détesté ! Là où on m'avait prédit une sorte de vol vers l'extase je n'ai connu qu'une peur et un sentiment de dégoût. Mais au moins, mon aversion est basée sur une expérience certaine, pas sur une opinion. Ma tentative pour tester le parapente n'a pas été concluante, mais le sentiment de fierté que je ressens d'avoir dépassé mes peurs est bien là, et quel bonheur !

Votre enfant ne veut pas vous décevoir : rassurez-le sur ce point, l'échec est une option envisageable et qui se gère si besoin. **Échouer est possible, ne pas essayer est impossible**.

6 CÉLÉBREZ LES SUCCÈS

Vous avez remarqué comme, l'âge aidant, nous perdons petit à petit notre enthousiasme ? Pour s'en convaincre, il suffit de comparer la joie immense d'un enfant de 4 ans quand ses parents rentrent à la maison après une journée de travail avec celle, disons plus contenue, d'un adolescent de 14 ans qui rentre du collège, dit bonjour dans sa barbe naissante et vous résume sa journée d'un simple « Ouais, c'était bien ». Ce n'est pas que nos enfants nous aiment moins en grandissant, **c'est juste la force de l'habitude**. Pourquoi sauter de joie alors qu'au final, nous finissons en tant qu'enfant par comprendre que le fait que nos parents rentrent tous les soirs est la normalité (je vous rappelle comme évoqué plus haut qu'un enfant n'a qu'une vision très relative du temps). Il en va de même pour Noël. Petit, entre le Père Noël et cette incroyable magie qui commence le 1er décembre avec le calendrier de l'Avent, l'impact est gigantesque. À 14 ans, faites le test, les fenêtres du calendrier de l'Avent donné le 1er décembre sont généralement toutes ouvertes… le deux ! L'habitude, **la prise de conscience de la réalité de son monde**, voilà pourquoi. Si vous n'y prêtez pas attention, petit à petit, il en ira de même avec les succès.

➔ Si vous ne les **célébrez pas**

Depuis sa naissance, vous êtes le monde de votre enfant, son alpha et son oméga. En toute chose, il attend votre réaction, positive ou négative, avec cette crainte permanente de vous décevoir et cette attente gigantesque de vous faire plaisir ou que vous soyez fier de lui. J'ai connu des parents qui ne célébraient pas les succès de leurs enfants car il les comparait à eux-mêmes quand ils étaient enfants. « Tu as 15 de moyenne ? Moi, à ton âge, je n'avais jamais moins de 18. » À quoi bon se démener si les personnes les plus importantes de notre monde n'ont strictement rien à faire de nos succès et ne prennent pas en considération les efforts que nous faisons pour essayer de bien faire ? Ne pas célébrer les succès de votre enfant, petits ou grands, c'est envoyer le message que ce qu'il a fait n'est pas important à vos yeux. Imaginez-vous : vous venez d'obtenir la promotion de vos rêves au travail pour laquelle vous vous battez depuis deux ans, vous rentrez à la maison et votre conjoint/e, apprenant la nouvelle, que vous livrez de façon enthousiaste, vous répond : « C'est cool. On mange quoi ce soir ? » Vous seriez très certainement en colère et triste. **Votre enfant est comme vous, il a besoin que vous reconnaissiez ses efforts et les fruits qu'ils produisent**.

Vous voulez célébrer... mais comment ?

Il ne s'agit pas de sortir les trompettes de la gloire à chaque succès mais de bien insister sur deux points :

Vous avez conscience de l'importance de ce succès

Votre enfant vous parle de quelque chose dont il est fier, même si c'est un dessin d'une qualité artistique discutable. Prenez le temps de l'écouter, de comprendre pourquoi ce dessin le rend fier de lui-même. Non seulement il se sentira écouté et compris, mais **vous en apprendrez énormément** sur ses craintes et ses envies.

Ce succès, c'est celui de votre enfant

En plus de lui dire que vous êtes fier/fière de lui, n'oubliez jamais d'ajouter qu'il doit avant toute chose être fier de lui. La célébration du succès est également un moyen de nourrir l'ego de votre enfant, ce qui n'a pas de prix à long terme. Apprendre à faire de « l'autosatisfaction » de temps en temps, ce n'est pas mal. Posez-lui la question de savoir s'il est fier de lui. Vous verrez avec quel plaisir, quelle délectation, il vous répondra oui. Le quotidien à l'école n'est malheureusement pas toujours valorisant et **c'est à vous qu'il appartient de nourrir son ego**.

LE SAVIEZ-VOUS ?

Selon une étude de Christopher A. Langston en 1994, partager une expérience positive augmente le bien-être général d'un groupe. Et célébrer une réussite aurait plus d'impact sur le bonheur du groupe que la réussite elle-même grâce à ces effets positifs.

• *Profitez des moments où vous êtes tous réunis*

Vous l'aurez compris, un enfant a besoin de se sentir en sécurité et a besoin de nourrir son ego en se construisant sur des bases aussi positives que possible. La façon la plus facile de célébrer son succès est d'en reparler à table avec toute la famille et une fois que son récit est fini, de l'applaudir. En tant qu'adulte, cela peut nous sembler ridicule mais pour un enfant, c'est essentiel, surtout s'il a des frères ou des sœurs.

Petit aparté qui a son importance : **il est fondamental de privilégier ce moment du dîner en famille**. Avec notre vie moderne, ce genre de moment n'est pas toujours possible tous les jours de la semaine. Si tel est le cas, le week-end, déjeuner comme dîner, faites de ce moment un instant unique, partagé ; un moment d'échange qui permet de parler des petits et grands succès des uns et des autres. Construire l'optimisme de vos enfants, c'est également **faire de ces moments partagés des moments optimistes**. Votre enfant n'a pas à connaître vos problèmes avec votre boss ou vos opinions politiques données sur un ton péremptoire. Les moments partagés permettent de construire sa relation à l'autre car, pour votre enfant, vous êtes LE modèle absolu.

Agissez selon l'importance du succès

1. Le petit succès

Pour ce genre de succès, inutile de faire de grandes choses mais il est fondamental de verbaliser afin que votre enfant puisse se satisfaire pleinement de votre fierté... et nourrir la sienne afin d'avoir envie de recommencer. Attention cependant au compliment gratuit. Ce dernier doit être descriptif et honnête pour éviter toute forme de dépendance ou d'absence d'autonomie à votre enfant. Finalement, entre notre enfance et l'âge adulte, nous ne changeons pas tellement. Quand vous faites quelque chose de bien au travail, vous appréciez que votre boss vous félicite, non ? Cela s'appelle du **feedback** dans le milieu professionnel. Il en est de même pour votre enfant.

2. Le succès de taille moyenne

C'est déjà un petit évènement qu'il est nécessaire de partager avec le reste de la famille. Pourquoi ne pas lui préparer son plat préféré à cette occasion ? C'est tout simple mais la **notion de récompense** quand quelque chose de bien est fait est très ancrée dans notre système scolaire et dans l'inconscient collectif (cf. les images, les bons points depuis la maternelle).

3. Le gros succès

Votre enfant vient d'avoir son bac, avec mention Bien ? Inutile de lui rappeler que vous l'avez eu avec mention Très

Bien, ne vous inquiétez pas, il s'en souvient très bien. Il est important de marquer le coup en lui offrant un cadeau, en organisant un dîner entièrement consacré à la célébration de ce succès. **Toute l'attention doit être portée sur votre enfant** afin qu'il se sente, j'ose le mot, exceptionnel. Ce sentiment de reconnaissance en cas de succès est vraiment important, même pour nous aujourd'hui en tant qu'adulte.

Le plaisir du succès est incroyable, vous le savez bien. Et pourtant, contrairement à ce que l'on peut imaginer, **la notion de succès est quelque chose de subjectif**. Prenez deux enfants, les deux reviennent chez eux avec un 15 en mathématiques. Le premier a 18 de moyenne en mathématiques depuis toujours et l'autre a toujours eu moins que la moyenne. Pour l'un, c'est un non-évènement, pour l'autre c'est un gros succès. Vous devez créer pour chaque enfant, si vous en avez plusieurs, **une grille de lecture vous permettant d'évaluer l'importance d'un succès pour lui**, jamais pour vous !

7 TROUVEZ-LUI DES MODÈLES

Tous les musiciens vous le diront, la première fois qu'ils ont composé, c'était pour « faire comme… ». Je compose parfois et quand j'ai composé pour la première fois, j'ai voulu faire comme mon modèle de l'époque : Jean-Michel Jarre. Bien entendu, j'avais 7 ans et je n'y suis pas arrivé mais cela, je ne l'ai découvert que plus tard. J'avais à l'époque l'impression de marcher dans les pas de cet artiste et cela me guidait, me donnait un objectif.

Son premier modèle, **c'est vous**

Les premiers modèles de nos enfants, ce sont leurs parents. Bien souvent, un petit garçon sera proche de sa mère et admirera secrètement son père. Sigmund Freud dira même qu'il est en compétition avec lui mais, même s'il y a du vrai, je ne suis pas très fan de cette image et je préfère parler d'admiration d'un but qui semble inaccessible quand on est petit. Pour les petites filles, bien entendu, c'est la même chose, mais avec l'autre parent. Le principe du modèle, c'est de vouloir lui ressembler, en tout : sa façon de parler, sa façon de se comporter et, surtout, son rapport au monde. J'ai expérimenté quelque chose bien involontairement : j'essaye, autant que faire se peut de donner aux SDF que je croise. Et je le faisais quand mes enfants étaient petits. Quelle ne fut pas ma surprise de voir mon grand, qui devait avoir 4 ans à l'époque, se diriger vers un SDF assis dans la rue et lui donner toute sa fortune, 20 centimes. Je lui demande : Solal, pourquoi fais-tu ça ? Et lui de me répondre que cet homme est pauvre, que lui non et qu'il a probablement plus besoin de cet argent que lui.

Tous les modèles ont leur propre modèle

Ce petit garçon a grandi, il a 21 ans au moment où j'écris ces lignes, et je ne suis plus son unique modèle. Mais tout au long de sa vie, je lui ai présenté, sans qu'il s'en doute, **une série de personnalités qui pouvaient lui servir de modèle** et le guider sur la voie qui pourrait être la sienne.

Actuellement, j'adore écouter le footballeur Antoine Griezmann parler de son modèle, David Beckham. Il y fait référence en toute chose : ses vêtements, sa coupe de cheveux, sa prise de position contre l'homophobie dans le monde du football. Je ne suis pas particulièrement fan de ce sport mais je dois bien dire que c'est la première fois que j'entends quelqu'un parler de son modèle de la sorte, jusqu'à l'âge adulte.

ATTENTION

✓ Dans la notion de modèles, il est fondamental d'être attentif au fait que les valeurs portées par ceux-ci sont compatibles avec les vôtres. Il y a un monde entre le footballeur Ronaldo, par exemple, qui a été élu « l'athlète le plus généreux au monde » par l'association humanitaire américaine Dosomething, et le rappeur Snoop Dog qui est connu pour être le plus gros fumeur de joints qui soit.

Éveillez la curiosité de votre enfant

Petit, parlez des parcours des gens de votre famille, vivants ou morts d'ailleurs, peu importe. **Pour être optimiste, il est central de ne pas avoir peur de l'avenir**. Chacun de ces modèles lui prouve que pour arriver à ce qu'ils sont devenus et qu'il admire, ils sont passés par des phases plus ou moins complexes. Plus grand, emmenez-le au musée, au stade, au cinéma, voir des matchs de différents sports, ou bien à la télévision. Faites-lui écouter de la musique, de tous les styles. Il s'agit d'éveiller sa curiosité mais, surtout, de lui faire prendre conscience que la seule limite à ses rêves, ce sera lui qui les fixera.

Les parcours de ses héros ont tous été semés d'embûches. Mon dernier a été très marqué par le fait que Freddy Mercury, avant de devenir la star mondiale qu'on connaît tous, était simple bagagiste dans un aéroport. Après ce film, il a redoublé d'efforts pour faire de la musique. Pour lui, tout devenait possible.

Alors bien sûr, ses héros à 12 ans ne seront peut-être pas les mêmes qu'à 20 ans et il ne s'agit pas de donner des rêves de grandeur à nos enfants mais juste de leur faire comprendre que, **dans la vie, tout, absolument tout, est possible**. J'appelle cela la loi Mercury depuis cette anecdote avec mon fils : quoi que vos enfants tentent, s'ils savent que quelqu'un d'autre qu'eux y est arrivé, ils vont croire plus facilement en leur chance d'y arriver.

Favorisez ses propres rêves sans lui transmettre les vôtres

En revanche, avant d'entamer cette démarche, il est important de **connaître vos propres modèles** afin de ne pas, consciemment ou inconsciemment, influencer votre enfant dans ses choix de modèle. Nous connaissons tous des parents qui projettent leurs propres rêves d'enfance sur leur progéniture ; j'ai souvent accompagné mon petit dernier aux matchs de football qu'il avait le week-end et je voyais bien qu'au bord du terrain, il y avait certains papas qui nourrissaient des rêves de gloire au travers de leur fils et se mettaient à hurler, littéralement, quand un petit garçon de neuf ans avait le malheur de rater une passe. Bien sûr, il existe des exceptions à la règle, la plus connue étant Michael Jackson mais il est très rare qu'un enfant suive à la lettre, en étant heureux, les rêves de ses parents ! Le nombre d'enfants ayant commencé le tennis ou le piano avec acharnement à 3 ou 4 ans et qui abandonnent avec joie à 13 ans est très important.

Alors oui, il peut arriver d'avoir de la chance et qu'effectivement, vos modèles puissent être exactement les mêmes que ceux de vos enfants mais il est beaucoup plus efficace et durable de les laisser les découvrir, en les guidant.

Avoir des modèles, c'est la base pour avoir des rêves. Oprah Winfrey rêvait d'être présentatrice télé depuis son enfance, raconte sa grand-mère, elle s'amusait à interviewer sa poupée de maïs et les corbeaux sur la barrière de la maison familiale. Et pourtant, lors de son premier travail à la télévision, son patron lui a dit qu'elle ne ferait jamais de télévision, qu'elle n'avait pas le talent pour cela. Elle s'est accrochée et est probablement aujourd'hui la présentatrice la plus connue au monde.

Tout est possible dans la vie

Le système éducatif français a la réputation d'être décourageant pour les enfants. Pendant que certains pays, notamment au nord de l'Europe vont corriger une dictée **en soulignant de vert** tout ce que l'enfant a fait de bien, **nous restons au stylo rouge** pour insister sur tout ce qu'il a raté. Culpabilisation et découragement peuvent être le lot de certains enfants et il n'est pas compliqué de comprendre à quel point cela peut construire des personnalités peu enclines à prendre des risques, à essayer de nouvelles choses. Lorsqu'il est à la maison, il est fondamental que votre enfant ne soit pas dans le même état d'esprit et cela dépend grandement de vous.

Tout est possible dans la vie ! C'est ce que votre enfant doit intégrer de façon durable, même si vous-même, pour votre propre vie, vous n'en êtes pas convaincu(e), le plus beau cadeau que vous pouvez faire à votre enfant, c'est de lui transmettre cet optimisme qui lui permettra toujours de rebondir quelles que soient les aventures, les échecs et les succès qu'il connaîtra dans sa vie.

Inspirez-vous de la culture américaine

La culture américaine est, entre autres, basée **sur la résilience, le fait de toujours se relever pour réussir** là où nous avons échoué. En France, nous aimons les catégories, penser que si l'on fait le même métier depuis 10 ans, nous sommes incapables d'en faire un autre, que si nous sommes mauvais en orthographe, c'est pour toujours, etc. Les modèles que votre enfant trouvera sont la preuve vivante que cela est vrai. Si Ronaldo (le joueur de football brésilien) a réussi en partant d'une banlieue pauvre de Rio à devenir une star mondiale, si Oprah Winfrey a réussi à devenir la femme noire la plus riche du monde en étant élevée par sa mère et sa grand-mère dans la plus grande simplicité, si Pierre Bérégovoy travaillait en 1941, à l'âge de seize ans dans une usine de tissage en tant que fraiseur avant de devenir en 1992 premier ministre de la France… c'est peut-être que, effectivement, tout est possible dans la vie et vous m'accorderez que c'est nettement plus enthousiasmant de vivre avec cette idée en tête plutôt que de se dire que tout est joué d'avance, non ?

8 CRÉEZ LE « RENDEZ-VOUS » DES BONNES NOUVELLES

Nous n'allons pas nous voiler la face, nous vivons dans un pays avec des fondements plutôt pessimistes. Lorsque l'on est français, il est de bon ton de voir le verre à moitié vide avant de voir le verre à moitié plein (voir clé n° 3). Mais au-delà de cette considération purement culturelle, il est possible de faire en sorte que nos enfants prennent dès leur plus jeune âge une habitude allant à l'encontre de cette supposée fatalité. Le rendez-vous des bonnes nouvelles est un « outil » qui peut servir cette noble cause.

➔ Rendez-le **acteur de son bien-être**

Un enfant va considérer comme une fatalité le fait qu'il expérimente des choses désagréables et, comme tout un chacun, il n'aimera pas cela. En revanche, il ne considérera pas nécessairement comme exceptionnel le fait de se sentir bien. Dans l'absolu, se sentir bien est une forme de normalité pour lui. Et c'est en cela qu'il est important **qu'il prenne conscience qu'il est acteur de son bien-être**, lui aussi, mais, surtout, qu'il faut savourer ces moments de bien-être plutôt que de les considérer comme normaux.

En tant qu'adulte, vous avez remarqué comme nous avons une capacité incroyable à prêter attention à la moindre contrariété et combien nous faisons peu attention aux petits bonheurs du quotidien comme un ciel bleu ?

Quand ?

Dès qu'il maîtrise le langage. Un enfant a conscience, très rapidement après sa naissance, qu'il y a des choses agréables pour lui et d'autres qui le sont nettement moins. Cela commence par la faim, la couche mouillée pour, petit à petit, aller vers des sentiments plus complexes. C'est quand il prend conscience que le monde interagit parfois de façon négative avec lui (généralement, cela va avec l'entrée à l'école) que vous pouvez commencer à mettre en place ces rendez-vous. Bien entendu, il n'y a pas de limite d'âge ; si ce rendez-vous est fait de façon régulière, cela deviendra **un rituel familial** auquel chaque membre prendra plaisir.

Comment ?

Une fois par semaine, à un moment où personne dans la famille n'est pressé, lors d'un déjeuner le week-end par exemple. Le principe est extrêmement simple. Les parents commencent le tour de table en exposant leur bonne nouvelle de la semaine. Bien entendu, il n'y a pas de choses extraordinaires chaque semaine mais cela n'a aucune espèce d'importance, **le tout est de montrer que vous êtes capable de voir du positif dans chaque semaine que vous vivez**. Quelle que soit votre semaine, même la plus pourrie d'entre elles, il y a forcément quelque chose de positif, une bonne nouvelle.

BON À SAVOIR

✓ Certes, il y a des semaines durant lesquelles vous aurez plus de mal à trouver la bonne nouvelle, tout occupé que vous serez à penser à votre mauvaise semaine. Mais c'est là l'un des intérêts de ce rendez-vous : garder un regard réaliste et concret sur notre vie sans (trop) se laisser envahir par ses propres émotions. Un coucher de soleil formidable en rentrant du travail peut être votre bonne nouvelle. Le fait que vous l'ayez remarqué est une très bonne chose. Quand nous sommes dans une phase « négative », nous avons tendance à tout peindre en noir, quoi qu'il arrive. Le principe de cet exercice est de lutter contre cette réalité, même avec des petites choses : un coin de ciel bleu dans un ciel orageux redonne toujours le sourire et change notre façon de voir les choses. Croyez-moi, aucun de vos enfants ne vous dira : « Mais dis donc, elle est toute pourrie ta bonne nouvelle. » Et si cela devait arriver, ce dont je doute fortement, c'est une occasion inespérée pour parler de **l'importance d'être attentif à tout**, même aux petites choses, d'aller chercher du bien-être dans tout ce qui nous entoure.

Après avoir exposé votre bonne nouvelle, expliquez en quoi cette bonne nouvelle a eu et aura **un impact positif sur vous** à plus ou moins long terme. En effet, en procédant ainsi, votre enfant va apprendre à savourer ses propres bonnes nouvelles et va apprendre à en tirer le meilleur. Je connais beaucoup de personnes qui sont très heureuses le lundi grâce à une nouvelle incroyable et sont capables d'être déprimées dès le lendemain en ayant totalement oublié leur bonne nouvelle du jour précédent. Nos bonnes nouvelles sont de l'énergie pour affronter les éventuelles mauvaises. Tu as eu un 5 en mathématiques ? Non, tu n'es pas nul, tu as eu 16 en histoire la semaine dernière. Les bonnes nouvelles, ce sont **des éléments concrets, irréfutables**, qui nourrissent petit à petit l'optimisme de votre enfant.

LE SAVIEZ-VOUS ?

✔ L'optimisme est bon pour la santé. Une étude danoise a montré qu'après une opération pour des problèmes cardiovasculaires, l'optimisme était associé à de meilleures chances de rémission. Chez des individus soumis à un stress important, suivis pendant dix ans : plus les scores d'optimisme étaient élevés, plus le risque de décès était bas. Enfin, chez des seniors suivis pendant vingt-deux ans par des chercheurs français : ceux chez qui les pensées positives fleurissaient ont vécu plus longtemps, indépendamment de leur état de santé.

➔ Testez le jeu du **vase à souvenirs**

Cet exercice est la version familiale hebdomadaire de l'exercice personnel quotidien décrit dans la clé n° 1. En le pratiquant à titre personnel en tant que parent, vous serez d'autant plus à l'aise pour guider vos enfants dans la pratique familiale de l'exercice.

- Achetez un vase (plusieurs si vous avez plusieurs enfants) transparents et, chaque semaine, notez sur des feuilles de bloc la bonne nouvelle racontée.
- Au bout de quelques semaines, votre enfant verra très concrètement le nombre de bonnes nouvelles augmenter. Et, quelques mois plus tard, replonger la main dans le vase pour se remémorer certaines d'entre elles sera un plaisir immense pour elle/lui.

Je vous rappelle que nous avons une terrible tendance à oublier les bonnes choses de notre vie plus rapidement que les mauvaises. Nos enfants fonctionnent de la même façon. Imaginez-vous dans quelques années, avec votre enfant, exhumer les feuilles de ce vase.

Se souvenir de ses « jeunes » années lui permettra de mesurer le chemin parcouru et, surtout, de réaliser que sa vie est remplie d'une incroyable quantité de choses positives. Chaque âge a tendance à effacer le précédent dans sa mémoire, tout du moins les détails. Parfois, nous regardons en arrière avec nostalgie alors que notre vie est un fil continu qui se tisse année après année.

Dans la culture chinoise, il y a quelque chose d'absolument formidable : si vous demandez à un chinois d'une cinquantaine d'années, ou plus, quelle est la période de sa vie qu'il a préférée, il ne comprendra pas la question et vous répondra que c'est celle qu'il vit actuellement. Passé un certain âge, nous regardons souvent en arrière avec nostalgie, regrettant nos 20 ans ou nos 30 ans selon notre âge. **Profiter de son âge actuel en ayant conscience que ce que nous sommes a été construit grâce à tout ce que nous avons vécu nous permet de profiter pleinement de chaque journée**. Et cette attitude, nous pouvons l'acquérir très jeune... d'où l'intérêt de cet exercice.

9 AIDEZ-LE À REGARDER SON FUTUR AVEC SÉRÉNITÉ

J'entends trop souvent des personnes décrire l'avenir de notre monde en noir. Certes, il existe des facteurs anxiogènes : le réchauffement climatique, le chômage, la disparition d'un grand nombre d'espèces animales. Et pour autant, vos enfants n'ont pas le choix, ils vont vivre dans ce monde. Du point de vue d'un enfant, s'il regarde les informations à la télévision, le réchauffement climatique signifie la fin du monde... de son vivant. À l'école, entre amis dans la cour de récréation, ils parlent de cela de temps à autre et c'est pour cela qu'il est fondamental de parler de son avenir avec lui de façon positive.

La génération X, les personnes nées entre le début des années 60 et la fin des années 70 est la première depuis des siècles à vivre moins bien que celle de leurs parents. Mais pour autant, est-ce si important que cela ? En effet, nous considérons vivre moins bien car le point de comparaison est celui d'une génération née après-guerre, avec d'autres critères, entre autres la surconsommation ; le bonheur était mesure à l'aune de ce que l'on possédait. Les nouvelles générations sont moins centrées sur cela. Il suffit de regarder la relation que les générations Y (entre 1980 et 2000) et Z (après 2000) ont à l'entreprise pour en prendre pleinement conscience. **Leur équilibre vie privée/vie professionnelle**

est beaucoup plus important qu'il ne l'était pour les générations précédentes et c'est en cela que parler de son futur avec votre enfant est une formidable occasion de faire une bonne piqûre d'optimisme.

Une chose est certaine, parler de notre passé et de nos éventuelles frustrations n'aidera pas nos enfants à aborder leur propre futur avec sérénité. Afin de pouvoir préparer vos enfants à cela, **il est fondamental que vous soyez « en paix avec votre passé »**, ou tout du moins que vous compreniez bien l'éducation que vous avez vous-même reçue.

➔ Comprendre votre propre éducation pour adapter celle que vous donnez à vos enfants

• *Qu'auriez-vous fait différemment ?*

Quel parent ne se pose pas mille questions sur son éducation ? Le doute fait partie de cette dernière. Et, comme en toute chose, l'expérience est bonne conseillère, il est essentiel de **comprendre l'éducation que vous avez reçue**. Avez-vous des regrets ? Quel regard portez-vous sur celle-ci ? Pensez-vous que vos parents vous ont bien préparé à votre vie d'adulte ?

a. Oui ?

Positiver son regard sur sa propre éducation est un excellent moyen à mon sens de devenir un parent optimiste… Et de transmettre son optimisme. Partager avec votre enfant la relation que vous aviez avec vos parents, dans ses aspects positifs, est un excellent moyen de montrer que ce qu'il interprète peut-être comme étant quelque chose d'injuste ou de difficile, est **une réalité que vous avez connue** et que cela vous a permis de devenir l'adulte que vous êtes, et qu'il admire. L'éducation est avant tout une question de transmission et vous êtes là pour le rappeler à vos enfants. Il est extrêmement rassurant de savoir que quelqu'un d'autre a déjà vécu ce que vous vivez, surtout si vous aimez cette personne.

b. Non ?

Il est assez naturel d'avoir un jugement très critique sur l'éducation que nos parents nous ont donné. Freud disait : « Chers parents, ne soyez pas inquiets, quoi que vous fassiez avec vos enfants, vous ferez mal. »

Chaque parent fait ce qu'il pense être le mieux pour ses enfants et le passage à l'âge adulte permet de **comprendre**, pour ne pas dire **pardonner**, beaucoup de choses. Avoir un enfant nous permet de prendre quasiment instantanément après la naissance de l'incroyable tâche qui nous attend. Comment allons-nous accompagner ce petit être jusqu'à l'âge adulte… quelle angoisse ! Pour autant, comme nous l'avons vu dans une clé précédente, inutile de parler de cela avec vos enfants. Le fait que vos parents aient fait des erreurs avec vous ne changera rien à son vécu à lui.

Ces « critiques » sur votre propre éducation vont vous servir à vous construire et à vous adapter en tant que parent mais certainement pas à faire grandir votre enfant. Lui dire : « Tu sais, moi, quand j'avais ton âge, mes parents me mettaient au coin pendant une heure si j'avais fait ce que tu as fait, alors estime toi heureux ! » aura beaucoup moins d'impact que de lui expliquer pourquoi, selon vous, il ne doit pas agir comme il l'a fait.

Généralement, la réponse est un mélange entre le « oui » et le « non ». Mais, quelle que soit votre réponse (oui, non, ou un mélange des deux), le vrai sujet est de se demander ce que vous auriez fait différemment. Demandez-vous ce que vous auriez conservé et quels éléments vous changeriez pour devenir différent(e) et/ou meilleur(e). Il est très difficile d'identifier quelle partie de notre éducation a influencé tel trait de notre personnalité, que ce soit en adhésion ou en opposition ; il s'avère très compliqué de déterminer si nous serions une personne différente si nous avions eu d'autres parents. Et vous savez quoi ? Mis à part quelques cas extrêmes, notamment les enfants maltraités, il n'y a pas de réponse à ces interrogations et, finalement, peu importe. La seule chose qui compte est la vision du monde que vous transmettez à votre enfant. Le monde est grand et, pendant une longue période, **votre enfant va percevoir le monde au travers de vos yeux** !

Si vous aviez l'âge de votre enfant, quel serait votre regard sur l'avenir ?

Pensez-vous que si vous aviez l'âge de votre enfant, votre perception du monde serait la même ? Il est né avec Internet, l'hyper-information, 60 chaînes de télévision ; cela change tout et il faut intégrer ces faits afin de mieux comprendre nos enfants.

Votre regard d'adulte sur l'avenir est influencé par un grand nombre de choses que votre enfant n'a absolument pas en sa possession : votre expérience, votre culture, vos opinions politiques etc. Tout du moins jusqu'à l'adolescence, tout ce que vous direz sera pris pour parole d'évangile et c'est à ce titre qu'il est fondamental d'éveiller son esprit critique. Inutile de dire à un enfant de 8 ans que de voter Durand ou Dupont est d'une bêtise sans nom par exemple. **Parlez-lui de vos valeurs, pas de vos opinions**, il aura tout le temps de construire ses propres opinions et, surtout, de construire petit à petit sa propre vision du futur au lieu de copier la vôtre. Imaginez-vous avoir 8 ans, oubliez tout ce que vous savez et ne gardez que ce que vous entendez à la maison : comment imaginez-vous votre propre avenir ? Le raisonnement d'un enfant est manichéen : noir ou blanc, bien ou mal, chaud ou froid. Ce n'est qu'avec l'âge, et votre aide, qu'il apprendra les nuances.

LE SAVIEZ-VOUS ?

✓ Selon une étude publiée dans le *Journal of Health Psychology*, les personnes optimistes arrivent à mieux gérer leur stress. Selon la psychologue Joelle Jobin (directrice de l'étude), « les optimistes sont protégés en situation de stress ». Ainsi, si le futur et l'inconnu sont légitimement stressants, les aborder avec optimisme permet de réduire son niveau de stress avec toutes les conséquences que celui-ci peut avoir : trouble du sommeil, irritabilité...

L'inconnu fait peur et c'est bien naturel. « Personne ne doit avoir peur de l'inconnu parce que tout homme est capable de conquérir ce qu'il veut et lui est nécessaire », comme le dit Paulo Coelho dans l'Alchimiste. Comprendre votre propre regard sur l'avenir et comprendre celui de votre enfant, voilà ce qui vous permettra de l'accompagner petit à petit au travers de chacune de ces étapes.

Demandez à votre enfant de **se projeter dans l'avenir**

« Et plus tard, tu veux faire quoi ? ». Cette simple et classique question est le meilleur moyen pour **entamer la discussion**. Mais essayez de continuer à poser des questions telles que : « Comment tu te vois quand tu seras adulte ? Avec des enfants, sans enfants ? Une maison ? À la ville ? À la campagne ? Toutes ces questions lui permettent de se projeter dans un avenir qu'il peut rêver tel qu'il le souhaite.

Si vous voyez que votre enfant a une vision un petit peu sombre de son avenir, c'est probablement parce qu'il projette sur son avenir des angoisses qu'il perçoit dans son quotidien à la maison. J'ai fait la bêtise, une fois, de parler à la maison du fait que je venais perdre mon emploi alors que mon dernier n'avait que 6 ans ; il en a six de plus et la notion d'être chômeur l'inquiète toujours malgré mes efforts pour relativiser cette situation. Nos mots ont un poids gigantesque sur nos enfants, notamment avant l'adolescence (si seulement nos adolescents prêtaient plus souvent attention à tout ce que nous disons !). Parler de l'avenir avec nos enfants nous permet de savoir s'ils ont un regard optimiste, ou non, sur leur propre avenir et, le cas échéant, de corriger le tir.

Trop souvent cependant, la question « tu veux faire quoi plus tard » est prise à la légère, surtout pour les jeunes enfants. La réponse à cette question raconte quelque chose sur nos enfants, sur leurs envies, leurs passions, leur caractère et c'est pour cela que **parler d'avenir avec vos enfants vous en apprendra énormément sur eux**. Ce qu'ils vous disent quand ils vous décrivent le métier qu'ils souhaitent faire, c'est l'adulte qu'ils rêvent d'être à l'instant où ils vous parlent.

Respectez leur point de vue

Nous avons tous des rêves pour nos enfants et il est fondamental d'accepter que ces rêves ne soient pas nécessairement les mêmes que les nôtres. Vous le rêvez architecte ? S'il veut devenir cuisinier, cela n'a aucune importance. C'est en parlant que vous comprendrez le pourquoi de cette motivation et que vous pourrez l'aider. Trop souvent, nous poussons nos enfants, jeunes, vers ce que nous pensons être bon pour eux, ce qui est normal. Mais combien d'enfants qui ont été mis au tennis, au piano ou au violon dès l'âge de trois ans avec le secret espoir d'en faire des stars abandonnent tout à leur adolescence, réalisant à cet âge que ces supposées passions n'en sont absolument pas... pour EUX !

10 APPRENEZ-LUI À AGIR

Cette clé est probablement la plus importante. Vous l'aurez compris, être optimiste, ce n'est pas porter un regard naïf sur le monde mais avoir conscience que l'on peut agir pour changer ce qui ne nous convient pas, car rien n'est immuable. Quel dommage d'écouter quelqu'un se plaindre de quelque chose sans pour autant agir pour le changer. **L'optimisme, c'est de se sentir acteur**. La tâche est quelque peu plus ambitieuse quand il s'agit de lutter contre le réchauffement climatique que pour changer de travail mais si l'on y regarde de plus près, ce n'est pas très différent. Baisser les bras, se dire que l'on n'y peut rien, c'est la certitude absolue que rien ne changera. Nous souhaitons le meilleur pour nos enfants et les savoir acteurs est plus rassurant que de les imaginer devoir subir leur vie de façon passive.

Selon vous, est-il préférable d'avoir un avenir agréable aussi incertain soit-il ou la certitude d'avoir un avenir sombre ? La réponse est évidente, n'est-ce pas ? Mais comment en convaincre nos enfants qui sont nés dans l'un des pays les plus pessimistes au monde ? Pour rappel, selon IPSOS, seulement 19 % des Français sont optimistes alors que quel que soit l'item que nous choisissons (niveau de vie, éducation, santé, sécurité), la France se situe toujours dans le top 6 mondial des meilleurs pays. Ce décalage entre la réalité de notre pays et la façon dont nous le percevons est peut-être la réaction normale d'un enfant gâté mais avons-nous vraiment envie que cela perdure au travers de nos enfants ? Ces derniers sont les acteurs de notre avenir et nous devons leur apprendre à agir, dès le plus jeune âge.

Enfant actif plutôt que passif

Dès qu'ils vivent mal une situation, il est impératif de leur faire comprendre qu'ils peuvent, doivent, agir plutôt que de simplement subir. On dit souvent que quand on tombe de cheval, il faut remonter immédiatement dessus. Le principe est efficace : « Tu as eu une mauvaise note à l'école : je comprends que cela t'attriste mais, bonne nouvelle, si tu travailles, cela n'arrivera plus. » C'est basique mais cela fonctionne très bien. Prendre conscience que **sa vie ne dépend pas que du monde qui nous entoure** mais bien de nos actions est absolument essentiel pour avoir un esprit optimiste. Nous pouvons faire en sorte que nos enfants ne deviennent pas ces adultes insupportables qui se plaignent de tout s'en jamais essayer de faire changer les choses.

Fixer des étapes pour atteindre ses rêves

Tout dépend de l'âge bien entendu. Si l'exemple des notes à l'école marche dès le plus jeune âge, une fois que cela est acquis, il s'agit de trouver d'autres exemples. Votre enfant a comme héros Kylian Mbappé et rêve d'être comme lui, inscrivez-le au football, il verra bien si c'est véritablement son rêve ou juste une passion passagère. Certains rêves semblent inaccessibles mais c'est souvent parce que **nous n'adaptons pas notre regard**. Imaginez que votre enfant est en bas d'un escalier et que tout en haut de celui-ci, après des milliers de marches, se trouve son rêve. Forcément, cela lui semblera inaccessible (au pire) ou incroyablement difficile (au mieux). Votre rôle de parent, c'est de lui montrer **comment monter la première marche**, puis la seconde, etc. Quand les objectifs sont ambitieux, il faut les découper en « mini-objectifs » facilement atteignables qui permettent de **réaliser que l'on progresse vers son objectif**. Votre enfant rêve d'être astronaute ? Bien entendu que cela est possible. Sa première marche ? Être bon en mathématique. À chaque fois qu'il aura une bonne note, il aura le sentiment d'avoir fait un pas de plus vers la Lune ! Pour agir, il est fondamental que le résultat de cette action semble accessible à votre enfant.

➔ Positivez l'action

Être optimiste, c'est agir. Albert Einstein disait :
« La folie, c'est de faire toujours la même chose et de s'attendre à un résultat différent. »

Apprendre à nos enfants à agir, en toute chose, c'est leur apprendre qu'ils sont maîtres de leur destin. Je vous parle d'optimisme sans vous donner ma définition de ce qu'est le pessimisme. Pour moi, être pessimiste, c'est ne rien faire et considérer que l'on est malchanceux et que, quoi qu'il arrive, ça va mal se passer.

Vous l'avez remarqué, plus un enfant est jeune et plus les petits soucis du quotidien lui semblent insurmontables. Si vous avez un enfant en bas âge, faites ce test la prochaine fois qu'il tombe et se fait mal. Il va pleurer, forcément. Prenez-le dans les bras, regardez le droit dans les yeux, parlez-lui calmement et dites-lui : « Tu as eu mal, tu pleures, c'est normal. Tout va bien aller, oublie ta douleur. » J'ai fait cela avec chacun de mes enfants et cela fonctionne incroyablement bien. Un enfant qui se fait mal ressent une douleur physique mais le cerveau (avec son lot de fantasmes et de peurs) prend vite le relais. Je ne sais pas si cela vous est arrivé de vous couper sans vous en apercevoir et de ressentir la douleur une fois que vous voyez le sang... Le principe est le même, mais à l'inverse.

Une douleur est plus intense si elle est subie de façon passive et il en va de même pour un échec. Apprendre à votre enfant dès son plus jeune âge que, même quand il se fait mal, il peut agir pour gérer cette douleur lui permet de comprendre que, quoi qu'il lui arrive dans sa vie, il peut agir.

✓ « L'homme n'est point fait pour méditer, mais pour agir. »

Jean-Jacques Rousseau

En 1939, les Français riaient plus de 20 minutes chaque jour. De nos jours, nous rions en moyenne 6 minutes par jour. Certes, nous avons plus de télévisions, de consoles, d'ordinateurs, de tablettes et tous ces biens de consommation qui nous semblent fondamentaux. Pour autant, le niveau d'optimisme est en chute libre dans notre pays depuis 30 ans. Et si nous agissions aujourd'hui pour que celui-ci remonte dans les 30 prochaines années grâce à l'éducation que nous donnerons à nos enfants ?

✔ « Le pessimisme est d'humeur ; l'optimisme est de volonté. » Et si cette réflexion philosophique d'Alain *était vraie ?* S'il suffisait d'agir pour être heureux ?

Depuis trois décennies, la France est championne d'Europe et quasiment championne du monde… du pessimisme ! Le dernier baromètre Ipsos *What Worries the World* (paru en novembre 2018) nous confirme encore cette tendance. Ce n'est pas une image d'Épinal, c'est malheureusement une réalité. La raison principale selon les sociologues est le « c'était mieux avant ». Et ce ne sont pas que les séniors qui clament cela comme on pourrait le penser. Si ces derniers sont plus de 69 % à le clamer, la même proportion des 35-59 ans, 69 %, le font également. Et 67 % des moins de 35 ans ! La nostalgie d'un passé supposé glorieux, riche et prospère nous déprimerait… Lorsque je me rappelle les discussions avec ma grand-mère morte à 101 ans qui me parlait de son enfance dans un appartement sans eau courante pendant la première guerre mondiale, de son adolescence pendant la crise de 29, de sa vie de femme divorcée pendant la seconde guerre mondiale avec ses deux enfants et de sa vie de chef des femmes de ménage à l'OCDE dans l'après-guerre, je dois bien avouer que cela me laisse un brin dubitatif.

Notre rôle de parent n'est-il pas de faire en sorte que nos enfants comprennent que de leurs actions dépendent leur futur et qu'ils peuvent, sans aucun doute possible, avoir l'avenir dont ils rêvent ?

CONCLUSION

Nous arrivons au terme de ce livre et j'espère qu'il vous aura donné un éclairage nouveau sur l'optimisme qui n'a rien de magique finalement. Si je devais résumer ces dix clés en quelques lignes, je dirais ceci :

1. Le regard que nos enfants auront sur le monde dépend grandement du regard que nous avons sur celui-ci.
2. Nous avons une influence essentielle sur le degré d'optimisme dont feront preuve nos enfants durant leur vie.
3. Apprendre à nos enfants l'optimisme est un travail quotidien et régulier.
4. Sans aucun doute possible, être optimiste est beaucoup plus agréable à vivre au quotidien que d'être pessimiste.

Dans mon métier, je rencontre beaucoup de managers d'équipes et je leur rappelle très souvent qu'une équipe ressemble à son manager. Si ce dernier est de mauvaise humeur, l'équipe le sera aussi. Dans une famille, il en va de même. Nos enfants sont des éponges et calent leurs pas sur ceux de leurs parents. Ce qui est absolument formidable, c'est que si nous voulons le meilleur pour nos enfants, nous n'avons d'autre choix que d'obtenir le meilleur pour nous-même. Tout le monde y gagne ! Maintenant... il n'y a plus qu'à !!!

RESSOURCES UTILES

Livres

- *Les quatre accords toltèques : la voie de la liberté personnelle*, Miguel Ruiz
- *L'art du bonheur : sagesse et sérénité au quotidien*, Dalaï Lama
- *L'homme-Dieu ou le sens de la vie*, Luc Ferry
- *Éloge de l'optimisme : quand les enthousiastes font bouger le monde*, Philippe Gabillet
- *La force de l'optimisme*, Martin Seligman-Larry Cohen
- *La volonté de puissance*, Friedrich Nietzsche
- *La puissance de la pensée positive*, Norman Vincent Peale
- *Comment devenir un optimiste contagieux*, Shawn Achor et Florence Servan Schreiber
- *Choisir l'optimisme*, Shawn Achor
- *L'apprentissage de l'imperfection*, Tal Ben-Shahar
- *Vivre la psychologie positive*, Martin Seligman
- *Arrête de te plaindre et bouge-toi*, larry Winget
- *J'arrête de râler*, Christine Lewicky

➔ Sitographie

- www.provocateurdesourires.com
- www.liguedesoptimistes.fr
- www.l'optimisme.com

Dans la même collection :

Direction : Rachel Duc
Responsable éditoriale : Caroline Terral
Correction : Charlotte Müller
Directeur artistique : Nicolas Vallet
Principe de maquette et illustrations : Ho Thanh Hung
Mise en page : Patrick Leleux PAO
Fabrication : Cécile Labarthe

Achevé d'imprimer par l'Imprimerie de Champagne à Langres – France
Dépôt légale ; 034914/01 – mars 2020